Wilhelm Viëtor

Einführung in das Studium der englischen Philologie

mit Rücksicht auf die Anforderungen der Praxis

Wilhelm Viëtor

Einführung in das Studium der englischen Philologie
mit Rücksicht auf die Anforderungen der Praxis

ISBN/EAN: 9783743648821

Hergestellt in Europa, USA, Kanada, Australien, Japan

Cover: Foto ©ninafisch / pixelio.de

Weitere Bücher finden Sie auf **www.hansebooks.com**

EINFÜHRUNG

IN DIE

ENGLISCHE PHILOLOGIE.

EINFÜHRUNG

IN DAS STUDIUM DER

ENGLISCHEN PHILOLOGIE

MIT RÜCKSICHT AUF DIE ANFORDERUNGEN

DER

PRAXIS

VON

DR. WILHELM VIETOR,

a. o. Professor der englischen Philologie an der Universität Marburg.

MARBURG IN HESSEN.
VERLAG VON N. G. ELWERT.
1888.

VORWORT.

Es ist mir so häufig aus den Kreisen der Studirenden und Kandidaten die Klage zu Ohren gekommen, es fehle an einer praktischen Anleitung für den Gang und die Einrichtung der Fachstudien, insbesondere mit Rücksicht auf die Anforderungen des Examens und des Lehrerberufs, dass ich mich — von neuem angeregt durch DÖRRS Aufsatz *Die Aufgabe der modernen Philologie in der Gegenwart*[1] — zunächst im Winter 1886/87 dazu entschloss, „Einleitung in die englische Philologie, praktischer Teil," als einstündiges Publikum zu lesen. Das vorliegende Schriftchen ist eine Umarbeitung dieser Vorlesungen mit Weglassung der auf die Methodik des englischen Unterrichts bezüglichen Kapitel. Kann es dem Anfänger dazu behülflich sein, dass er die richtigen Ziele im Auge behält und nicht — gleichviel ob durch Zaudern oder Missgriffe — unwiederbringliche Zeit verliert, so ist der Zweck meiner Arbeit erreicht. Den Rat, der nur im Verkehr von Person zu Person sich ermessen lässt, will und kann ich nicht überflüssig machen; erst recht nicht die methodische Führung des Dozenten in Kolleg und Seminar.

Mit den angeführten Büchern habe ich weder einen Kanon für das Studium aufstellen, noch die jeweilige Fachlitteratur auch nur annähernd vollständig geben wollen. Dem Studirenden ist nach

---

[1] *Neuphilologische Beiträge,* herausgegeben vom Verein für neuere Sprachen in Hannover in Veranlassung des ersten allgemeinen deutschen Neuphilologentages (Hannover, C. Meyer, 1886), S. 32 ff.

Möglichkeit die Freiheit der Wahl gelassen. Die meines Erachtens für ihn nützlichsten Hülfsmittel sind im Register mit einem Sternchen bezeichnet. Mit andern mag er sich in der Universitäts- und besonders der Seminarbibliothek bekannt machen. Hier in Marburg steht die jetzt über tausend Nummern umfassende Büchersammlung des romanisch-englischen Seminars jedem Mitglied (und Mitglied ist fast jeder hier studirende Neuphilologe) im Seminar-Arbeitszimmer jederzeit zur Benutzung frei; eine Einrichtung, die sich seit Jahren aufs beste bewährt hat.

Dass die vorgebrachten Ansichten nicht durchaus die allgemeinen sind, habe ich im Einzelnen nicht verschwiegen und, wo es gut schien, meine Auffassung zu begründen gesucht. Den Vorwurf, dass ich dem Utilitarismus und Materialismus das Wort rede, brauche ich wohl nicht zu fürchten. Ich wüsste sonst keine bessere Antwort als die, welche PAULSEN am Schluss seiner *Geschichte des gelehrten Unterrichts* (S. 783) gibt: „Ich meine, man muss allerdings sagen, Kenntnisse haben nur Wert durch ihre Brauchbarkeit, d. h. dadurch, dass sie ihren Inhaber klüger und weiser oder zur Erfüllung seines Lebensberufs, im weitesten und tiefsten Sinne dieses Wortes, geschickter machen; Kenntnisse, welche nur ein passives Besitztum ausmachen, haben gar keinen Wert, ja sie sind leicht von negativem Wert: sie sind die eigentliche *materia peccans*, welche die geistigen Krankheiten des Schulhochmuts und der Schuldummheit erzeugt. *You are overeducated for your intellect*, Sie haben zu viel gelernt für Ihren Verstand, sagte Lord WELLINGTON zu einem Bewerber um ein Amt, indem er ihn abwies."

MARBURG, in den Herbstferien 1887.

W. V.

INHALT.

		Seite
I. KAP.	Die englische Philologie und die Anforderungen der Praxis	1
II. KAP.	Die englische Aussprache	14
III. KAP.	Sprachkenntnis und Sprachbeherrschung	31
IV. KAP.	Das historische Studium der Sprache und Litteratur	47
V. KAP.	Die pädagogischen Anforderungen des Lehrerberufs	59
	REGISTER und NACHTRÄGE	63

ERSTES KAPITEL.

DIE ENGLISCHE PHILOLOGIE UND DIE ANFORDERUNGEN DER PRAXIS.

Philologie und Praxis werden von vielen als zwei so grundverschiedene Dinge betrachtet, dass der Versuch einer „Einführung in die Englische Philologie mit Rücksicht auf die Anforderungen der Praxis" wohl einer Rechtfertigung bedarf.

Ich will zuerst angeben, was ich unter der *Praxis* verstehe, deren Anforderungen hier Berücksichtigung finden sollen. Es ist dies nichts anderes als die Berufsthätigkeit des Lehrers des Englischen an höheren Schulen. Damit ist im wesentlichen zugleich bestimmt, welcherlei Anforderungen hier in Betracht kommen. Als Grundlage möge dienen, was die neue preussische Prüfungsordnung vom 5. Februar 1887[1] von dem Kandidaten verlangt (§ 15):

1. Die Befähigung, das Englische in den *mittleren* Klassen zu lehren, ist als nachgewiesen zu erachten, wenn der Kandidat eine im ganzen korrekte Übersetzung eines nicht zu schwierigen deutschen Textes in das Englische als schriftliche Klausurarbeit geliefert und in der mündlichen Prüfung dargethan hat, dass er mit richtiger, zu fester Gewöhnung gebrachter Aussprache eine sichere Kenntnis der grammatischen Regeln und des für den Unterricht unentbehrlichen Wortschatzes, auch der wichtigeren feststehenden Thatsachen der Synonymik, verbindet. Von dem Entwicklungsgange der neueren englischen Litteratur muss er eine Übersicht gewonnen und einige Werke hervorragender

---

[1] *Ordnung der Prüfung für das Lehramt an höheren Schulen.*

Schriftsteller, soweit sie im Bereiche der Schullektüre liegen, mit eingehendem Verständnis gelesen haben. Mit den wesentlichen Regeln des neuenglischen Versbaues und Reimes muss der Kandidat bekannt sein, auch im mündlichen Gebrauch der Sprache einige Fertigkeit erworben haben.

„2. Um sich für den Unterricht in den *oberen* Klassen zu befähigen, hat der Kandidat in dem schriftlichen (§ 29,2, bezw. § 31)[1] und in dem mündlichen (§ 34, 2)[2] Gebrauch der Sprache nicht bloss grammatische Korrektheit, sondern auch Vertrautheit mit dem Sprachschatze und der Eigentümlichkeit des Ausdrucks zu erweisen. Seine grammatischen, insbesondere syntaktischen Kenntnisse muss er in wissenschaftlichen Zusammenhang gebracht haben. Von den Hauptthatsachen der geschichtlichen Entwicklung der Sprache muss der Kandidat sich in dem Masse Kenntnis erworben haben, dass ihm das Verständnis der neuenglischen Laute, Formen und Wortbildungen ermöglicht wird. Seine Bekanntschaft mit dem Altenglischen (Angelsächsischen) und dem Mittelenglischen hat soweit zu reichen, dass er nicht zu schwierige Stellen eines von ihm gelesenen altenglischen oder mittelenglischen Werkes mit richtiger Auffassung der darin vorkommenden Wortformen und im wesentlichen zutreffender Deutung des Sinnes zu übersetzen versteht. Auch soll der Kandidat mit den Gesetzen des englischen Versbaues älterer und neuerer Zeit sich bekannt gemacht haben. Ferner ist zu verlangen, dass er von der Entwicklung der Litteratur nach ihren Hauptepochen und Hauptträgern ein deutliches, zum Teil durch Lektüre belebtes Bild gewonnen und von hervorragenden Schriftstellern seit dem Ende des 16. Jahrhunderts wenigstens

---

[1] „Die auf die klassische Philologie bezüglichen Arbeiten sind in lateinischer, *die auf moderne fremde Sprachen bezüglichen in den betreffenden Sprachen* ... abzufassen ..." „Die Prüfungskommissionen sind befugt, in allen Fällen, in welchen sie es zur Ermittlung des sicheren Besitzes des Wissens für zweckmässig erachten, Klausurarbeiten von mässiger Zeitdauer anfertigen zu lassen."

[2] „Die Prüfung derjenigen Kandidaten, welche im Lateinischen oder *im Englischen* für die oberen Klassen ... die Lehrbefähigung erwerben wollen, ist insoweit in diesen Sprachen selbst zu führen, dass dadurch die Fertigkeit der Kandidaten im mündlichen Gebrauche dieser Sprachen ermittelt wird."

ein oder das andere Werk mit sicherem Verständnis gelesen hat."
Dies oder ganz ähnliches sind die Anforderungen der Praxis, die uns hier angehen.
Was ist nun andererseits die *englische Philologie*? — Soll die Antwort eine Definition des Begriffes sein, so scheint von vornherein sicher, dass diese von dem Begriffe Philologie im allgemeinen aus gegeben werden muss.[1] Der Begriff Philologie ist aber selbst kein feststehender,[2] und er kann es nicht sein, auch wenn er, wie bei BÖCKH, aus der Gliederung der Wissenschaften überhaupt gewonnen und von dort aus das Gebiet der Philologie bestimmt wird. Was GRÖBER mit Recht von der romanischen Philologie sagt: „Was sie ist, wurde sie gemäss den Bedürfnissen und Einsichten der Jahrhunderte, die sie durchlief" — das gilt nicht nur, wie GRÖBER will, empirisch, sondern auch begrifflich, und zwar nicht nur von der Einzelphilologie, sondern von der Philologie überhaupt, und gilt nicht minder von den übrigen Wissenschaften und somit auch von der Gliederung der Wissenschaften. Nach BÖCKHS zumeist angenommener Definition ist Philologie „die Erkenntnis des Erkannten", — „in Bezug auf ein bestimmtes Volk in einem verhältnismässig abgeschlossenen Zeitalter die geschichtlich wissenschaftliche Erkenntnis der gesamten Thätigkeit, des ganzen Lebens und Wirkens des Volkes." ELZE, der sich an BÖCKH so eng als möglich anzuschliessen sucht, gibt zu, dass für die moderne, speziell für die englische Philologie einige Änderungen eintreten müssen, und wenn er auch hervorhebt, dass dieses nicht sowohl aus begrifflichen, als aus praktischen Gründen (Verbreiterung und Vertiefung des modernen Geistes- und Kulturlebens, internationales Ineinanderleben der modernen Völker) geschehe und auf den formalen Teil der Philologie (Hermeneutik und Kritik) keinen Einfluss ausübe, so ist es eben unmöglich, dass die Veränderung des Inhalts nicht eine Veränderung der Methode und des Begriffs bedingen sollte.
Man betont, die Philologie sei eine der Geschichtswissenschaften

[1] Vgl. ELZE, *Grundriss der englischen Philologie* (1887) S. 1. Analog äussern sich KÖRTING, *Enzyklopädie und Methodologie der romanischen Philologie* I (1884) S. 156 und GRÖBER, *Grundriss der romanischen Philologie* I (1886) S. 144.
[2] Vgl. die verschiedenen Definitionen bei ELZE, a. a. O., S. 1 ff.

im Unterschied von den Begriffswissenschaften (wie Logik oder Mathematik) und den Gesetzeswissenschaften (wie Physik oder Chemie). Ohne Zweifel fordert die modernste, aber allerdings zugleich engste Auffassung der Philologie oder der Sprachwissenschaft [1] als einer wesentlich physiologischen Disziplin zum Widerspruch heraus: die Philologie kann nicht durch die Lautphysiologie ersetzt werden. Aber auch der Widerspruch darf nicht zu weit gehen.

ELZE erwähnt die Äusserung SKEATS: „Modern philology (Sprachwissenschaft) will, in future, turn more and more upon phonetics" und STORMS Bezeichnung der Phonetik als „Grundlage der neueren Sprachwissenschaft",[2] um sich dahin zu erklären, dass die Lautphysiologie als eine Naturwissenschaft mit der Philologie als einer Geisteswissenschaft keine organische Verbindung eingehen, dass sie nicht mit den eigentlich philologischen Disziplinen zu einem einheitlichen wissenschaftlichen Ganzen verschmolzen werden könne.

Ist im seitherigen Rahmen der Philologie für die Phonetik kein Platz, so muss dieser Rahmen erweitert werden, gleichviel, ob er über die Grenze der Geschichtswissenschaften ins naturwissenschaftliche Gebiet hinüber reicht oder nicht. Übrigens hat ja BÖCKHS System der Philologie „II. Materialer Teil. Zweiter Abschnitt. Besondere Altertumslehre" unter „Stöchiologie" (Unterabteilung der „Geschichte der Sprache") einen Platz für „Phonologie" und „Orthoepie" vorgesehen, wie folgende Übersicht zeigt:

A. Öffentliches Leben.
   1. Chronologie. 2. Geographie. 3. Politische Geschichte. 4. Staatsaltertümer.
B. Privatleben.
   1. Metrologie (mit Numismatik). 2. Äusseres Privatleben (Landbau und Gewerbe, Handel, Hauswirtschaft). 3. Inneres Privatleben (Geselliger Verkehr, Erwerbsgesellschaft, Erziehung, Totenwesen).
C. Religion und Kunst.

---

[1] Diese ist doch wohl nur gemeint. Vgl. das oben Folgende und ELZE, a. a. O., S. 5, woran hier überhaupt angeknüpft ist.

[2] Schon 1877 glaubte sich SWEET zu der Behauptung berechtigt: „The importance of phonetics as the indispensable foundation of all study of language — whether that study be purely theoretical, or practical as well — is now generally admitted" (Anfang des Vorwortes zum *Handbook of Phonetics*).

1. Kultus. 2. Bildende Künste (Architektur, Plastik, Malerei).
3. Künste der Bewegung (Gymnastik, Orchestik, Musik).
4. Künste des poetischen Vortrags (Rhapsodik, Chorik, Dramatik).
D. Gesamtes Wissen.
1. Mythologie. 2. Geschichte der Philosophie. 3. Geschichte der Einzelwissenschaften. 4. Litteraturgeschichte. 5. Geschichte der Sprache (Stöchiologie: Phonologie, Paläographie, Orthographie und Orthoepie; Etymologie: Lexikologie, Formenlehre; Syntax; historische Stilistik, Metrik).

BÖCKHS System erweist sich hier wie überhaupt als umfassend genug auch für die Bedürfnisse einer modernen Philologie. Ja, es bedarf, wie durch Praxis und Sprachgebrauch anerkannt ist, insofern der Einschränkung, als nicht für alle im System koordinirten Punkte dieselbe Wichtigkeit in Anspruch genommen werden kann. Niemand wird es im Ernste als Hauptaufgaben der englischen Philologie ansehen, über den englischen Landbau oder die englische Musik Aufschluss zu geben. Das ist durch die „Verbreiterung und Vertiefung des modernen Geistes- und Kulturlebens und durch das internationale Ineinanderleben der modernen Völker" eben unmöglich geworden. Das eigentliche Gebiet der englischen wie jeder modernen Philologie ist ohne Zweifel durch die letzten Positionen in BÖCKHS System bestimmt: die Litteraturgeschichte und die Geschichte der Sprache. Ohne BÖCKHS Definition der Einzelphilologie als „geschichtlich wissenschaftliche Erkenntnis der gesamten Thätigkeit, des ganzen Lebens und Wirkens eines Volkes" aufzugeben, darf man daher die Einschränkung hinzufügen: mit der Sprache und Litteratur als Ausgangs- und Mittelpunkt.[1] Die übrigen Punkte des Systems stellen neben diesem philologischen Zentrum ebensoviele mehr oder weniger wichtige Hülfswissenschaften dar.

Bei BÖCKH ist nicht einfach von Sprache und Litteratur, sondern von Geschichte der Sprache und von Litteraturgeschichte die Rede. Gewiss mit Recht; denn es handelt sich um die wissenschaftliche Beschäftigung mit der Sprache und Litteratur. Wissenschaftlich

[1] In mehrfacher Beziehung noch mehr eingeschränkt ist die Definition KÖRTINGS, a. a. O., S. 82.

wird die Beschäftigung dadurch, dass sie nicht nur auf die Kenntnis der Thatsachen, sondern auf die Erkenntnis der Ursachen und Gründe abzielt. Die Philologie hat daher die Sprache und Litteratur in ihrer geschichtlichen Entwicklung zu erforschen. Gilt dies schon für die klassischen Sprachen und Litteraturen, so gilt es sicherlich nicht minder für die englische Sprache und Litteratur, deren reiche Entfaltung sich über einen Zeitraum von mehr als einem Jahrtausend verfolgen lässt. Die Erforschung der älteren Sprach- und Litteraturperiode, der altenglischen und mittelenglischen Zeit, bildet eine Aufgabe, der sich die englische Philologie nicht entziehen kann, ohne ihrem innersten Wesen untreu zu werden. Mit vollem Recht werden daher auf unsern Hochschulen Vorlesungen über altenglische Grammatik oder mittelenglische Litteratur gehalten, in unsern Seminarien das Beowulf-Lied oder Chaucers *Canterbury Tales* interpretirt.

Die Anforderungen der Praxis beziehen sich nun aber, wie wir sahen, vorwiegend auf die *Kenntnis der lebenden Sprache*. Der „englische Philologe" im praktischen Sinne, der Student und Lehrer, muss diese Kenntnis auf jeden Fall zu erwerben suchen. Die englische Philologie als Fachstudium schliesst die Beschäftigung mit der lebenden Sprache also sicher ein. Schliesst die *wissenschaftliche* englische Philologie dieselbe aus?

Die bis vor kurzem ganz entschiedene Bevorzugung der älteren Perioden auf Kosten der etwa der Sprachmeisterei eines Lektors überlassenen modernen Sprache und Litteratur im akademischen Unterricht schien in der That besagen zu wollen, wissenschaftliche Philologie und Beschäftigung mit dem lebenden Englisch oder Französisch hätten nichts mit einander zu thun. Ja, es ist die Ansicht auch mehr als einmal ausgesprochen worden: die Wissenschaft, die Philologie, die Universität gehe nur das historische Studium des Englischen oder Französischen an; die „praktische Fertigkeit" im Gebrauch der lebenden Sprache müsse sich der Student oder Kandidat — am besten durch den Aufenthalt im Auslande — selbst zu erwerben suchen. Gewiss; nur darf man nicht verkennen, welch hohe Bedeutung die lebende Sprache auch für das historische Studium hat.

Es ist das doppelte Verdienst JOHAN STORMS, zuerst das wissenschaftliche Recht der Beschäftigung mit der lebenden Sprache nachdrücklich betont und eine Anleitung zum wissenschaftlichen Studium einer lebenden Sprache geliefert zu haben: beides im ersten Band seiner *Englischen Philologie*.[1] Es heisst hier im Vorwort S. VI: „Die Grammatik ist bisher einseitig historisch oder einseitig praktisch gewesen. Man glaubt gewöhnlich, dass keine Sprachforschung wissenschaftlich sein kann, ohne historisch zu sein. Man vertieft sich dabei oft einseitig in das Studium der alten Sprache und übersieht leicht, dass man die älteren Stadien einer Sprache nicht gebührend beurteilen kann ohne gründliche Kenntnis der neuesten Periode ... In letzter Instanz kann man freilich nur durch die Kenntnis der Sprachgeschichte über die Phänomene der Sprache urteilen. Das beste bleibt also: eine vollständige Darstellung der lebenden Sprache, im Licht der Sprachgeschichte betrachtet. Beide bedingen sich gegenseitig."

Der bis jetzt allein vorliegende erste Band des STORMschen Werkes handelt eben von der lebenden Sprache. Dieser Ausdruck bedeutet bei STORM zunächst die jetzige *gebildete Umgangssprache*; zweitens aber gebraucht er diese Bezeichnung auch in einem weiteren Sinn, von der Schrift- und Litteratursprache bis auf Shakespeare und die Bibelübersetzung.

Ausser der Einleitung (S. 1—17), welche nächst dem Vorwort (S. V—X) besonders der Darlegung der prinzipiellen Ansichten des Verfassers dient, umfasst der Band sieben ungleich ausführliche Kapitel. Der Schwerpunkt der Arbeit liegt in den Kapiteln I—V: I. Allgemeine Phonetik. II. Englische Aussprache. III. Wörterbücher. IV. Synonymik. Phraseologie. Praktische Hülfsmittel. V. Lektüre und Litteraturstudium. In den letzten beiden Kapiteln VI. Litteraturgeschichte; VII. Grammatik hat sich STORM auf eine kurze Besprechung der wichtigsten Erscheinungen beschränkt. Sein Buch bildet ohne Zweifel das wichtigste, dem Fachmann geradezu unentbehrliche Hülfsmittel allgemeiner Art für das Studium des modernen Englisch.

[1] *Englische Philologie. Anleitung zum wissenschaftlichen Studium der englischen Sprache* von JOHAN STORM, ord. Professor der romanischen und englischen Philologie an der Universität Christiania. Vom Verfasser für das deutsche Publikum bearbeitet. *I. Die lebende Sprache.* Heilbronn. Gebr. Henninger, 1881. XVI. 468 S. (*M.* 9.—). Vorher norwegisch u. d. T.: *Engelsk filologi.* I. *Det levende sprog.* Kristiania 1878. Der Verfasser bereitet eine zweite Auflage des ersten Bandes vor, die noch in diesem Jahre erscheinen soll (1887). Ein zweiter Band ist noch nicht erschienen.

ERSTES KAPITEL.

Ich werde in den folgenden Abschnitten umsomehr auf STORMS Dartellung Bezug nehmen, als ich gleichwie SWEET[1] seine methodischen Ansichten im wesentlichen teile.[2] In einem Punkte jedoch, wo SWEET zu STORM in Gegensatz tritt, kann ich weder dem einen noch dem andern beistimmen, und zwar gerade in Bezug auf das Verhältnis der praktischen Spracherlernung zu dem wissenschaftlichen Studium.

„Der Philologe", sagt STORM im Hinblick auf die spätere Lehrthätigkeit desselben (S. 9), „soll sich wissenschaftliche Einsicht in die Sprache und deren Geschichte erwerben, nicht nur weil dieses Studium mehr wissenschaftlich ist und somit die Geistesfähigkeiten mehr entwickelt, sondern auch und besonders weil es in höherem Sinne praktischer ist, indem es das Verständnis und die Aneignung des Stoffes erleichtert und eine höhere Anschauung der Phänomene und ihrer Ursachen mit sich bringt."

Hiergegen macht SWEET in der Besprechung von STORMS Buch (S. 1401) geltend: wo die Verwandtschaft zwischen beiden Sprachen (ev. der älteren und jüngeren Sprache) augenscheinlich sei, da bedürfe es keiner wissenschaftlichen Fingerzeige, und wo die Verwandtschaft nur durch Heranziehung zahlreicher Mittelglieder und komplizirter, vielleicht nur halb aufgedeckter Lautgesetze u. s. w. aufgeklärt werden könne, da lasse sich fragen, ob es wirklich praktisch sei, das Ziel auf solchen Umwegen zu suchen. Das stete Heranziehen historischer und vergleichender Erläuterungen sei nicht nur nutzlos und zeitraubend, sondern es stifte auch positiven Schaden, indem es sehr störend einwirke auf die Reinheit und Bestimmtheit der durch das praktische Studium gewonnenen Vorstellungsgruppen. „Man denke sich nur die Verwirrung und Unsicherheit", bemerkt SWEET, „die entstehen würde, wenn man versuchte, Englisch aus der MATZNERschen Grammatik praktisch zu erlernen! Die Unmöglichkeit einer konsequenten Anwendung der Resultate der Sprachwissenschaft

---

[1] Vgl. dessen Besprechung von STORMS *Englischer Philologie* in den *Göttingischen gelehrten Anzeigen* 1881, Stück 44, S. 1398 ff., sowie SWEET, *On the Practical Study of Language*, enthalten in der *Thirteenth Address of the President to the Philological Society*, Delivered at the Anniversary Meeting. Friday, 16th May, 1884, by J. A. H. MURRAY, B. A., LL. D.

[2] Vgl. u. a. meinen Aufsatz *Die wissenschaftliche Grammatik und der englische Unterricht* in den *Englischen Studien* III (1880), besonders S. 119.

auf den praktischen Unterricht verkennt man gewöhnlich, eben weil man sie nicht konsequent durchzuführen versucht; und doch, glücklicherweise, scheint das Einmischen von sprachwissenschaftlichen Brocken in praktische Hülfsbücher immer mehr in Misskredit zu geraten, selbst wo die betreffende Sprache lediglich zu sprachwissenschaftlichen Zwecken getrieben werden soll."[1]

Soweit scheinen mir SWEETS Einwendungen zwar etwas extrem, jedoch im allgemeinen berechtigt. Wenn er aber fortfährt: „Ich glaube, man thut am besten, jede der beiden Disziplinen auf ihren eigenen Verdiensten ruhen zu lassen: man treibe die Sprachwissenschaft um ihrer selbst willen, nicht als Anhang zu den praktischen Sprachstudien", so kann ich mich mit dieser prinzipiellen Trennung des wissenschaftlichen von dem praktischen Studium noch weniger einverstanden erklären als mit der Einstellung des ersteren in den Dienst des letzteren in dem Sinne STORMS.

Meines Erachtens stehen beide Dinge allerdings in einem solchen Zusammenhang; nur ist es wesentlich (nicht ausschliesslich) das praktische Studium der Sprache, welches die dienende Rolle zu übernehmen hat. Zwischen der Aneignung der Thatsachen und der Erforschung ihrer ursächlichen Entwicklung kann in der Philologie ebensowenig ein prinzipieller Gegensatz bestehen, wie auf andern wissenschaftlichen Gebieten. Die empirische Aneignung der Thatsachen ist die praktische Vorstufe für die eigentlich wissenschaftliche Thätigkeit: die Erforschung des ursächlichen Zusammenhangs dieser Thatsachen. Niemand zweifelt auch daran, dass z. B. die praktische Beherrschung der Sprache Chaucers oder der Sprache König Alfreds dem wissenschaftlichen Studium des Englischen grossen Vorschub leisten würde. Weshalb sollte die praktische Beherrschung des heutigen Englisch nicht dazu im Stande sein? Ihren Wert für

---

[1] SWEET zitirt diese Stelle in *The Practical Study of Language* und fügt die Anmerkung hinzu (S. 80): „See W. Braune's remarks in the preface to his *Gotische Grammatik*". BRAUNE sagt hier, er habe es für das Richtige gehalten, „eine übersichtliche Darstellung der Laut- und Formenlehre" zu geben, „welche die Sprache möglichst aus sich selbst zur Anschauung brächte, ohne zerstreute Brocken aus der vergleichenden Grammatik einzumischen. Denn ein sprachwissenschaftliches Verständnis der germanisch-gotischen Grammatik kann durch einen kurzen Abriss doch nicht erzielt werden, und unsystematische Bemerkungen müssen den Anfänger nur verwirren." (Zu Anfang des Vorworts, S. V.)

das wissenschaftliche Studium der Sprache zu leugnen und nur die Beschäftigung mit der älteren Sprache als wissenschaftlich wertvoll anzuerkennen, wäre kaum anders, als wenn man behaupten wollte, für den Botaniker sei die Kenntnis der heutigen Flora gleichgültig und nur die Beschäftigung mit den Petrefakten erspriesslich, die uns aus der Steinkohlen- oder Tertiärzeit erhalten sind. Es ist vielmehr gerade das Leben der Gegenwart, welches hier wie dort zugleich der Forschung das reichste empirische Material liefert und die starren Überreste der Vergangenheit erst wieder lebendig macht. Auch in der Philologie sollte man nicht ausser Acht lassen, dass je gründlicher die praktische Kenntnis, desto leichter die wissenschaftliche Erkenntnis ist. Das Bestreben, einen sprachlichen Stoff, der nicht praktisch nahe gebracht und zur lebendigen Sprache in Beziehung gesetzt wird, wissenschaftlich zu verarbeiten, ist im höchsten Grade unwissenschaftlich.

Die englische Philologie gestattet daher nicht nur — nein, sie verlangt geradezu im Einklang mit der Prüfungsordnung und dem späteren Lehrerberuf vor allem eine recht gründliche praktische Beschäftigung mit der heutigen Sprache, der wirklich gesprochenen Lautsprache, in zweiter Linie erst der Schriftsprache. Diese Beschäftigung wird nicht in dem Sinne eine rein praktische sein, dass der angehende englische Philologe die Augen zu verschliessen hätte gegen die allgemeinen Gesichtspunkte (Regeln, Gesetze), die ihm entgegentreten. Im Gegenteil: er wird sich von vornherein bewusst sein müssen, dass seine Aufgabe nächst der Kenntnis auch die Erkenntnis umfasst; das Wesentliche ist nur, dass er nicht die umgekehrte Folge erstrebt. Hat er so die lebende Sprache in ihrer Laut- und Schriftform mehr und mehr kennen und verstehen gelernt, dann wird er schon von selbst den Wunsch hegen, auch die Vorgeschichte derselben kennen und verstehen zu lernen, um so das Vorhandene als Gewordenes erst vollständig zu begreifen. Auch dieses Resultat wird er, wenn auch unter sachkundiger Leitung, sich selbst erarbeiten wollen, indem er auch hier zuerst den Sprachstoff, soweit es bei der toten Sprache nötig und thunlich ist, praktisch bewältigt.[1]

---

[1] Der von SWEET statuirte Gegensatz zwischen Praxis (d. h. praktischer Spracherlernung) und Wissenschaft wird jetzt womöglich noch verschärft von

In völliger Übereinstimmung befinde ich mich gleichwie SWEET[1] mit STORM in Bezug auf den methodischen Gang, den er für das Studium (S. 17, zu Ende der „Einleitung") vorschlägt:

„*Man muss mit dem praktischen Erlernen der lebenden Sprache anfangen, dann mit den ältern Stadien der Sprache durch einige der wichtigsten Texte Bekanntschaft machen, endlich im Zusammenhang wissenschaftliche Grammatik, Sprachgeschichte und Etymologie studiren.* Dies verhindert natürlich nicht, dass man inmitten seiner praktischen Studien und während der Lektüre über grammatische und andere sprachlichen Fragen, welche sich darbieten, Aufklärung sucht und gelegentlich selbst darüber Untersuchungen anstellt."

Die Forderung, man solle „mit den älteren Stadien der Sprache durch einige wichtigere Texte Bekanntschaft machen", ist ebenso bescheiden gehalten, wie die entsprechende der preussischen Prüfungsordnung (vgl. oben S. 2). Wem neben der auf den deutschen Universitäten fast stets gebotenen Gelegenheit auch die nötige Zeit zur Verfügung steht, der wird sich nicht begnügen, hier nur das Notdürftigste zu leisten. In einem späteren Kapitel komme ich auf diese Frage zurück. Meine nächste Aufgabe wird sein, für das Studium der lebenden Sprache und Litteratur einige Fingerzeige zu geben. Dieselben sind zunächst berechnet, auf die akademische Studienzeit, doch ziehe ich auch den immer mehr als mindestens dringend wünschenswert erkannten Aufenthalt des angehenden Philologen in England in Betracht.

A. SCHRÖER, *Wissenschaft und Schule in ihrem Verhältnisse zur praktischen Spracherlernung*, Leipzig 1887, wenn er z. B. auf S. 11 sagt: „Es hat daher der künftige Lehrer, der eine lebende Sprache zu lehren hat, auf der Universität sich nicht dadurch, dass er sich praktische Kenntnisse einpaukt, für seinen künftigen Beruf vorzubereiten, sondern dadurch, dass er angeleitet wird, über die Sprache wissenschaftlich d. h. ideell nachzudenken. Die Sprache ist ein Unendliches, und ihrem Verständnisse näher zu kommen, gelingt nicht durch Aneignung praktischer Fertigkeiten." Aus obiger Auseinandersetzung geht hervor, was mir hiervon richtig erscheint, was nicht. Das „ideell Nachdenken" kann m. E. nur fruchtbar sein, wenn eine tüchtige praktische Grundlage da ist, und sich diese zu schaffen, fällt vor allem der Selbstthätigkeit des angehenden Philologen zu. Letztere habe ich vorwiegend im Auge, SCHRÖER allerdings zunächst den akademischen Unterricht. S. 16 hebt dieser übrigens selbst hervor, man könne „über die Geschichte einer Sprache nicht mit Erfolg arbeiten, wenn man mit der Sprache selbst nicht hinreichend vertraut ist."

[1] *Gött. gel. Anz.*, a. a. O., S. 1400.

Wann dieser Aufenthalt im Ausland am besten stattfindet, darüber sind die Ansichten geteilt. Man empfiehlt wohl die Zeit zwischen der Maturitätsprüfung und der Immatrikulation, und gerade wenn das Studium mit der heutigen Sprache und Litteratur begonnen werden soll, könnte dies das Richtige erscheinen. Dennoch glaube ich, zu einem so frühen Termin im allgemeinen nicht raten zu können. Es ist ein Irrtum, zu glauben, man werde mit dem lebenden Englisch oder Französisch schon ganz von selbst aufs beste bekannt werden, wenn man sich nur eine Zeit lang in dem fremden Lande aufhalte. Ist nicht eine gründliche praktisch - theoretische Beschäftigung mit der Sprache, und zwar gerade der lebenden Sprache, vorhergegangen, so ist in der Regel (es gibt freilich Ausnahmen) nur auf einen ungenügenden Erfolg zu rechnen, besonders in Hinsicht auf die Aussprache. Selbst wenn der Aufenthalt auf mehrere Jahre ausgedehnt wird, sind die Aussprachefehler häufig nur um so fester eingewurzelt, und nicht minder zumeist die verhängnisvolle Einbildung, dass man die fremde Sprache nun selbstverständlich aufs beste beherrsche. Eine längere Unterbrechung der Universitätsstudien bietet manche naheliegende Nachteile. Alle Bedenken fallen weg, wenn der Kandidat erst nach dem Examen, dem sich vorher auch in Bezug auf das Neuenglische und Praktische recht wohl genügen lässt, über den Kanal reist. Er wird um so mehr an Gewinn — und es handelt sich mit nichten allein um die Erwerbung praktischer Fertigkeit — nach Hause zurückbringen, je mehr Grundkapital er nach England hinübergebracht hat. Und alles Gewonnene wird in der sich nun anschliessenden Berufsthätigkeit, ehe etwas vergessen oder sonst verloren gegangen ist, wieder fruchtbringende Anwendung finden.

Zum Schluss noch ein Wort über die Wahl der Vorlesungen und Seminarübungen. Der vorhin angegebene Studiengang wäre im allgemeinen auch hier zu beobachten, doch ist auf die äusseren Verhältnisse eben Rücksicht zu nehmen. Auch kommt in Betracht, dass die meisten Studirenden eine gewisse praktische Kenntnis des Neuenglischen bereits zur Universität mitbringen. Endlich ist die Aufgabe der Vorlesungen eine wesentlich andere als die der Privatthätigkeit; dieselben sollen nicht sowohl Wissensmaterial übermitteln, als für die wissenschaftliche Forschung Vorbild und Anleitung liefern. Der Studirende möge daher besonders darauf achten, dass er keine systematischen Vorlesungen (z. B. über altenglische Grammatik) hört, für welche er sich nicht praktisch (z. B. durch Lektüre altenglischer Texte) schon genügend vorbereitet hat oder wenigstens gleichzeitig vorzubereiten im Stande ist. Etwas anderes ist es natürlich mit Vorlesungen, welche ausdrücklich den Zweck der Einführung und Anleitung haben. Eine Vorlesung über „Enzyklopädie und Methodologie der englischen Philologie" oder eine „Einleitung in die englische Philologie", vorausgesetzt, dass sie in diesem Sinne gehalten ist, wird am besten gleich im Anfang der Studienzeit gehört werden. Ist hierzu keine Gelegenheit, so suche sich der Anfänger durch ELZES *Grundriss der englischen Philologie* und KÖRTINGS (vom Verleger angekündigte) *Enzyklopädie und Methodologie der englischen Philologie* nach Kräften zu orientiren, glaube aber nicht, er müsse diese umfangreichen Hand- und Nachschlagebücher nun auch gleich gründlich durcharbeiten.

ZWEITES KAPITEL.

DIE ENGLISCHE AUSSPRACHE.

Die Wichtigkeit der „Aussprache" für die philologische Forschung wird in den Vorbemerkungen zum ersten Teile des im Erscheinen begriffenen *New English Dictionary* von MURRAY (Part I, S. XIV) treffend wie folgt gekennzeichnet: „The pronunciation is the actual living form or forms of a word, that is, *the word itself*, of which the current spelling is only a symbolization — generally, indeed, only the traditionally preserved symbolization of an earlier form, sometimes imperfect to begin with; still oftener corrupted in its passage to our time. This living form is the *latest fact* in the form-history of the word, the starting-point of all investigations into its previous history . . ."

Klarer noch zu Tage liegt die Bedeutung der Aussprache für die Praxis, insbesondere die Praxis des Unterrichts.

Zu den ersten Anforderungen der Prüfungsordnung auch an diejenigen Kandidaten, welche die Befähigung, das Englische in den mittleren Klassen zu lehren, nachweisen wollen, gehört daher mit Recht eine „richtige, zu fester Gewöhnung gebrachte Aussprache."

Was ist diese „richtige Aussprache?" und wie wird sie am besten angeeignet und „zu fester Gewöhnung" gebracht?

Bei der ersten Frage ist von vornherein im Auge zu behalten, dass es sich mit dem gesprochenen Englisch im wesentlichen verhält wie mit dem gesprochenen Deutsch. Die englische Aussprache im Munde der Englischredenden ist ebensowenig eine einheitliche wie die deutsche Aussprache im Munde der Deutschredenden. Verschiedenheiten in der Aussprache sind durch Bildungsgrad und Lebensstellung, durch die Heimat und den Wohnort der Sprechenden, zum Teil auch durch Zweck und Umstände des Sprechens bedingt. Von den Volksmundarten dürfen wir absehen; die Abweichungen von der Schriftsprache sind zu gross, als dass sie als bloss aussprachliche betrachtet werden könnten. Auf die grosse, noch nicht genügend anerkannte Bedeutung der Volksmundarten für die englische Philologie sei hier nur eben hingewiesen.

Im allgemeinen ist in England (im weiteren Sinne) neben den Volksmundarten nur das gesprochene Schriftenglisch der Gebildeten im Gebrauch; es besteht also das nämliche Verhältnis wie in norddeutschen Gegenden, wo sich die Gebildeten nicht als gewöhnlicher Umgangssprache des Plattdeutschen, sondern eben auch der gesprochenen Schriftsprache bedienen. Eine ähnliche Rolle wie das Plattdeutsche in solchen Teilen von Norddeutschland, wo die Gebildeten unter sich plattdeutsch reden, oder wie die mundartlich gefärbte Umgangssprache der Gebildeten in Süd- und Mitteldeutschland, spielt nur etwa das Wallisische (Welsche) — also eine keltische Sprache — bei den Gebildeten in Wales, soweit es nicht schon durch das Englische verdrängt ist. Insofern ist das gesprochene Englisch der gebildeten Stände ein einheitliches, nämlich gesprochenes Schriftenglisch.

Wohl aber weist dasselbe gar nicht unbeträchtliche lokale Unterschiede auf. Bekannt ist, dass die gebildeten Amerikaner anders aussprechen als die gebildeten Engländer; auch dem ungeübten Ohre fällt der *nasal twang*, die singende Intonation, der *ä*-Laut in *half* in der amerikanischen Aussprache auf.[1] Auch hat man von Eigentümlichkeiten der Aussprache der Irländer (*the Irish brogue*) wenigstens durch eine in fast allen Schulbüchern wiederkehrende Anekdote gehört und in den *Lustigen Weibern* den wallisischen Pfarrer *t* für *d*, *p* für *b* etc. gebrauchen sehen. Indessen pflegt sich der Ausländer nicht recht klar darüber zu sein, dass auch innerhalb des eigentlichen England die Gebildeten verschieden aussprechen und verschiedene Ansichten über das „richtige Englisch" haben. Wie der Hannoveraner sein spitzes *sp st* im Wortanlaut (*spitz, stehen*) im Gegensatz

---

[1] Vgl. über amerikanische Aussprache STORM. *Englische Philologie* I S. 338—40. Am genauesten unterrichtet hierüber das *Journal of American Orthoepy*, monatlich hrsg. von C. W. LARISON. M. D., Ringoes. N. J.

zu dem breiten *sp st*, wie der Schlesier den *k*-Laut in *Berg* im Gegensatz zum *ch*-Laut gebraucht und für richtig hält, so besteht der Nordengländer auf der Unterscheidung des Anlauts von *way* und *whey* und der betonten Vokale in *born, borne* und *warn*, der unbetonten in *bridal* und *idol*, auf der diphthongischen Aussprache von *g* in *change (dž)* und *ch* in *branch (tš)* und vielen anderen Unterschieden, die im gebildeten Londoner Englisch beseitigt sind.[1]

Diesem Konservativismus entspricht es, dass Leute, welche mit Bewusstsein sorgfältig sprechen oder eine sorgfältige Aussprache lehren wollen, den nördlichen Formen meist den Vorzug geben. Auf diesem Standpunkt steht praktisch auch das neue Wörterbuch von MURRAY. Die Tendenz ist jedoch, wie S. XIV, Preface to Part I, zeigt, die, auch denjenigen Sprechern gerecht zu werden, welche mehr Nüancen unterscheiden, als auch nach Ansicht des Herausgebers im heutigen Englisch das Gebräuchliche ist. Von den bekanntesten englischen Phonetikern tritt BELL, der von Hause aus Lehrer der Elokution ist, ebenfalls für eine im Grunde theoretische Musteraussprache ein; ELLIS ist der Ansicht, dass es viele verschiedene Arten von richtigem Englisch gebe und eine Musteraussprache ohne phonetische Rechtschreibung nicht durchführbar sei; SWEET stellt die Londoner Aussprache dar, weil es die ihm geläufige ist. Die

---

[1] Zur Veranschaulichung des hier und weiterhin Gesagten mag folgendes dienen. Ein Liverpooler Freund und Korrespondent hat die Freundlichkeit gehabt, die Druckbogen eines Schulbuches durchzusehen, an dessen Herausgabe ich beteiligt bin. Zu der nach Londoner *Standard*, jedoch mit Vermeidung aller familiären Formen, beigefügten Aussprachebezeichnung bemerkt er: „A conscientious critic is bound to declare that pronunciation vicious. (Folgen Ausstellungen im einzelnen.) Now these are not the blunders of a foreigner; they are all the vulgarisms of badly taught and careless speakers; they are to be heard daily in the mouths of English men and women. But they are not the pronunciations wich a well-bred man would wish his children to acquire; they are not the pronunciations of *careful* public speakers; they are utterly unsuited for singing, and — most important of all — they are not the pronunciations given in the New English Dictionary. To that — as far as it goes — I would refer any one who whishes to know the best pronunciation of the words here incriminated; it is quite sufficiently gracious to the current laxities — or the current tendency to phonetic decay ... The tendency of this vocabulary of Messrs V. and D. will be to rob their pupils of what has hitherto been one of the marks of a well taught foreigner speaking English, viz: a correctness and distinctness of utterance exceeding that of the average Englishman."

Frage nach dem „besten" Englisch wird neuerdings in den amerikanisch-englischen phonetischen Zeitschriften lebhaft erörtert. Der Herausgeber des *Herald*, der Amerikaner Dr. HAMILTON, findet die Londoner Aussprache *abominable*; sein Landsmann Professor MARCH erklärt im Bülletin der amerikanischen *Spelling Reform Association*, dass diese Gesellschaft dieselbe grundsätzlich nicht annehmen könne, ein Korrespondent in PASSYS *Fonetik Titcer* meint, wenn auf der einen Seite „*our German friends*" und die *Cockneys*, auf der andern die Pitmanianer[1] und Amerikaner ständen, so werde man auf die Entscheidung nicht lange zu warten brauchen. Sollen wir trotzdem die Londoner Aussprache als mustergültig annehmen? Kann überhaupt ein Dialekt und muss nicht vielmehr die über den Dialekten stehende gebildete Durchschnittsaussprache als Muster dienen?

Auch in Bezug auf diese letztere Frage sind die Meinungen geteilt. „Choose what dialect you please — one is as good as another — but write it as it really is, and do away with all artificial standards", sagt WESTERN (in No. 9 des *Titcer*). Nur weil SWEET und ELLIS Londoner seien, hätten die deutschen und skandinavischen Phonetiker gerade das Londoner Englisch als *Standard* angenommen. Hiergegen erklärt sich mit Recht PASSY (in einer Abhandlung über das französische Lautsystem im 1. Heft der *Phonetischen Studien*): sogar der individuelle Dialekt sei eine Abstraktion, denn niemand spreche unter allen Umständen gleich; für den aus mehreren individuellen konstruirten Familiendialekt und für den lokalen Dialekt gelte dies in steigendem Grade.[2] Warum, fragt PASSY, sollte man beim Studium einer Kultursprache — also einer immer mehr oder weniger künstlichen Redeweise — nicht einen Schritt

---

[1] Die Anhänger des Erfinders der Phonographie (des verbreitetsten englischen Stenographiesystems) und Herausgebers des *Phonetic Journal*, ISAAC PITMAN in Bath.

[2] Für die Sprache der Riesenstadt London natürlich ganz besonders. TITO PAGLIARDINI unterscheidet in seiner Flugschrift *Varieties of Pronunciation* (London, Pitman 1882) „mindestens sechs" Londoner Dialekte: „1. the Belgravian or Exquisite; 2. the dialect of Marylebone and Tyburnia; 3. that of Bloomsbury; 4. that of the City; 5. that of Clerkenwell, Whitechapel, and the East End; and lastly, the energetic vernacular of Billingsgate and its neighbourhood; and besides these district dialects, there are varieties which distinguish the different social layers of the population . . ." (S. 7).

weiter thun und den nationalen Dialekt, die Landessprache, darstellen? Er weist darauf hin, dass ein solcher Dialektausgleich von mir[1] für das Deutsche versucht, sowie von SWEET für das Schwedische vorgezeichnet worden ist, und verfährt in gleicher Weise bei seiner Darstellung des französischen Lautsystems. Es ist mir nicht zweifelhaft, dass auch auf englischem Sprachgebiete nur eine dialektfreie Aussprache begründeten Anspruch auf Mustergültigkeit erheben kann. So wenig nun aber in Deutschland oder Frankreich die gebildete Durchschnittssprache sich auf sozusagen mathematischem Wege bestimmen lässt, ebenso wenig ist dies auf dem englischen Sprachgebiete der Fall. In Deutschland haben sich die Theoretiker sowie schon die Praxis der Bühne für die Aussprache des stimmführenden Nordens mit Ausschluss aller Provinzialismen und insbesondere auch Berlinismen — erklärt. PASSY bemerkt, dass seine „nationale Aussprache" nur wenig von der gebildeten Pariser Aussprache abweicht, „weil in einem so zentralisirten Land wie Frankreich die Sprache der Hauptstadt einen überwältigenden Einfluss auf alle Gebildeten hat." So wird auch beim Abwägen der englischen Redeweisen naturgemäss der Schwerpunkt auf den Dialekt der britischen Hauptstadt und Metropole des Weltverkehrs fallen. Dass derselbe eine sehr fortschrittliche Tendenz aufweist, kann hieran nichts ändern, ja man darf dies vielleicht als eine Empfehlung ansehen. Nicht ohne Belang ist jedenfalls, wenn auch von WESTERN mit Unrecht als allein ausschlaggebend betrachtet, der Umstand, dass gerade das Londoner Englisch von ELLIS und in besonders bequemer Form von SWEET dem Studium zugänglich gemacht worden ist. Widerspruch ohne Begründung, vom Standpunkt eines anderen Dialektes aus, darf uns nicht irre machen: es ist damit in der Regel nicht anders, als wenn der Hannoveraner gegen *schpitz* und *schtehen* als vermeintlich falsche Aussprachen Verwahrung einlegt. Londinismen freilich nach Art des Berliner *Jenuss (Genuss)*, *Bealina (Berliner)* muss man zu erkennen und zu vermeiden wissen. Auch ist es ohne Schwierigkeit dahin zu bringen, dass man für den gewählteren Vortrag konservative Nebenformen am rechten Platze zur Verfügung hat, so wie man beim deutschen Gesang etwa dem feierlicheren Verschluss-*g* statt des gewöhnlichen Reibelautes *(Sick* statt *Siech = Sieg* u. dgl.) den Vorzug gibt.

---

[1] Ebenso und mit wesentlich gleichem Erfolg von TRAUTMANN u. A.

Welchen Weg soll man nun zur Gewinnung einer guten Aussprache einschlagen? Wer eine Realanstalt besucht hat oder sich durch den fakultativen Unterricht des Gymnasiums oder durch Privatunterricht für das Fachstudium vorzubereiten bestrebt gewesen ist, hat in der englischen Aussprache schon einen Grund gelegt. Ob sich darauf weiter bauen lässt, muss ein jeder selbst beurteilen. Ich gehe auf diese Frage hier nicht ein, warne aber nachdrücklichst vor allzugrosser Vertrauensseligkeit: TRAUTMANNS Wort von der „grauenvollen Schulaussprache" des Französischen und Englischen ist leider noch keineswegs antiquirt. — Auch über die Gelegenheiten, die sich auf der Universität zur mündlichen Unterweisung in der englischen Aussprache bieten, nur ein paar Worte im Vorbeigehen. Die oben gemachten Bemerkungen über Verschiedenheiten der gebildeten Aussprache bei den Englischredenden selbst enthalten schon die Warnung, auch das etwa von einem national-englischen Lektor gesprochene Englisch nicht kritiklos hinzunehmen. Dem deutschen Dozenten steht, selbst wenn er ein tüchtiger Kenner des gesprochenen Englisch ist, meist der Mangel an Übung im Gebrauch der Sprache hinderlich im Wege; auch liegen seine Aufgaben wesentlich auf einem andern Gebiete als dem des rein Praktischen. Doch wird für Kurse mit Übungen in neuenglischer Lautlehre in nicht zu ferner Zeit wohl an allen Universitäten gesorgt sein. Was jedem Einzelnen in der Hauptsache überlassen bleibt, ist die Ausnutzung der neueren phonetischen Fachlitteratur.

Die meisten der hierher gehörigen Schriften bieten zu einer allgemein phonetischen Vorschulung die Hand. Eine solche ist zum phonetischen Verständnis einer fremden gesprochenen Sprache unerlässlich; sie braucht aber nur sehr elementarer Natur zu sein.[1] Das Wichtigste ist, dass ein jeder die wesentlichen Punkte in seiner eignen deutschen Aussprache richtig erkannt hat. Die phonetische Unterscheidung zwischen Vokalen und Konsonanten und bei diesen zwischen Verschluss- und Reibelauten wird keine Schwierigkeit machen.

---

[1] Diesem ersten phonetischen Bedürfnis genügt wohl schon die Einleitung in meinem Schriftchen *Die Aussprache der in dem Wörterverzeichnis für die deutsche Rechtschreibung z. Gbr. in d. pr. Sch. enthaltenen Wörter*. Mit einer Einleitung: Phonetisches—Orthoepisches. Von WILHELM VIETOR. Heilbronn, Henninger. 1885. (*M.* 1,—.)

Nun aber gilt es, mit stimmhaft (oder tönend) und stimmlos (oder tonlos) theoretisch und praktisch ins Reine zu kommen. Der Norddeutsche, der eben *d* in *drei*, *leiden* stimmhaft, *t* in *treu*, *leiten* stimmlos spricht, hat sich nur die neue Bezeichnung und den Grund der Bezeichnung zu merken. Der Mittel- und Süddeutsche hingegen, dem *dr* in *drei* mit *tr* in *treu*, *d* in *leiden* mit *t* in *leiten* gleichlautet, muss ausser dem Namen auch die Sache erst kennen lernen. Wer den Stimmton bei *l, m, n, ng* und *r* nicht hören und von diesen auf *b, d, g* etc. nicht übertragen kann, der ist noch nicht im Stande, sich mit dem englischen Konsonantismus erfolgreich abzufinden: auch im Englischen wird er *b, d, g* etc. schwach, aber stimmlos sprechen. Das Nächste, was erreicht werden muss, ist die Erkenntnis, dass die deutschen Konsonanten ausser *l, m, n, ng* (falls nicht *ng* gleich *nk* behandelt wird) und *r* im Auslaut stets stimmlos — nicht notwendig stark oder aspirirt — sind, auch wenn *b, d, g* geschrieben wird, wie in *Lob, Bild, Zug* (*b = p, d = t, g = ch*, wenn nicht *= k*). Ohne diese Erkenntnis wird er ohne Bedenken auch die englischen Konsonanten im Auslaut nach diesem deutschen Lautgesetz behandeln.

Ist diesen Anforderungen genügt, so mag der Lernende zu SWEETS *Elementarbuch des gesprochenen Englisch* greifen.[1] Er übersehe aber nicht, was der Verfasser im Anfange des Vorwortes sagt: „Zu Grunde gelegt habe ich natürlich den mir geläufigen Londoner Dialekt, wie er in gebildeten Kreisen gesprochen wird". (Vgl. oben S. 13 f.)

Das Buch ist deutsch geschrieben, also für Deutsche bestimmt, und zwar (nach einer Bemerkung des Verfassers in No. 13 des *Fonetik Titcer*) zunächst für Lehrer, welche Anfänger im gesprochenen Englisch unterrichten wollen. Stehen der Benutzung in der Schule mancherlei Hindernisse im Weg, so eignet sich das *Elementarbuch* um so vorzüglicher zum Gebrauch bei Seminarübungen, sowie zum Selbstunterricht. Für den letzteren Zweck möchte ich den folgenden Gang empfehlen.

Nach einer orientirenden Durchsicht der in dem Buche ent-

---

[1] *Elementarbuch des gesprochenen Englisch*. Grammatik, Texte und Glossar. Von HENRY SWEET. Zweite verbesserte Auflage. Oxford, Clarendon Press. Leipzig. T. O. Weigel. 1885 (Deckel und Vorwort: 1886). (*M.* 2.40.)

haltenen „Grammatik"[1] gehe man sogleich an das Lesen der „Texte" in phonetischer Umschrift. Sobald man sich über den Sinn des ersten Satzes — eventuell mit Hülfe der daneben stehenden Darstellung in gebräuchlicher Orthographie und des „Glossars" zu Ende des Buches — unterrichtet hat, stelle man durch Nachschlagen in der „Grammatik" die Bedeutung der vorkommenden Transskriptionszeichen, auch der Hülfszeichen (- , ' , · , : , ˙) und der Spatien (nach S. 57) fest und lese sich hiernach den Satz laut vor. Dabei ist namentlich darauf zu achten, dass man nicht an Stelle der Spatien, welche in allerdings nicht sehr glücklicher Weise nur die folgende Silbe als stark bezeichnen, Lesepausen eintreten lässt. Selbstverständlich ist es durchaus unerlässlich, sich genau an die phonetische Umschrift zu halten, z. B. keinen s-Laut für *þ* oder *đ* zu dulden, überhaupt der einem vielleicht schon geläufigen Aussprache keinerlei Einfluss zuzugestehen. Besonders empfiehlt es sich, dass zwei oder mehr Lernende sich zu abwechselndem Vorlesen und gegenseitiger Kontrolle zusammenthun. Je häufiger die Übungen gemacht werden, desto grösser ist natürlich der Erfolg ; am besten liest man wenigstens ein Semester hindurch täglich ein Stück. Bei häufiger Wiederholung wird man mit Genugthuung finden, dass man nicht nur die englischen Laute beherrschen lernt, sondern auch Wörter, Wendungen, Sätze, Gespräche etc. in sprachlich korrekter und idiomatischer Form nach und nach als frei verfügbaren Besitz erwirbt. — Hat man sich auf die angegebene Weise mit den „Texten" bekannt gemacht, so wird man mit Nutzen zur systematischen Durchnahme der „Grammatik" schreiten.

Liefert uns Sweet in seinem *Elementarbuch* eine photographisch getreue Darstellung des naturwüchsigen Englisch der gebildeten Lon-

---

[1] Das von Sweet S. 13 ff. gebrauchte Vokalsystem (mit den auch im deutschen Text beibehaltenen Kunstausdrücken *back, front, mixed* etc.) ist das von Sweets Lehrer Bell im Zusammenhang mit seiner physiologisch-symbolischen Lautschrift *Visible Speech* aufgestellte Vierecksystem. Es beruht auf der Verwendung aller *Visible Speech*-Zeichen in vierfacher Stellung, z. B. Ɒ = *p* (labialer Verschluss), Ɔ = *k* (gutturaler Verschluss), ⊂ = „dickem" *t* (palataler Verschluss), ⊐ = *t* (apikaler Verschluss). Sweet, Storm, Sievers, Western u. A. wenden das Vierecksystem bei den Vokalen ausschliesslich an, während Bell selbst, wo er nicht unter dem Zwang der *Visible Speech*-Schrift steht, die Anordnung mit *a* als Basis ($\overset{i}{\underset{a}{\vee}}\overset{u}{}$ oder ähnlich) vorzieht. S. u. S. 23 f.

doner,[1] so werden wir uns aus dem oben (S. 17 f.) entwickelten Gründen daneben nach einer Hülfe umsehen zur Bestimmung der orthoepisch nicht mustergültigen Londinismen. Hierzu bieten uns die freilich in Deutschland so gut wie unbekannten Schriften BELLS die Hand, und zwar am besten sein Buch *Principles of Elocution*.[2] Wie der Titel anzeigt, hat das Buch weitergehende Zwecke; jedoch gehören von den fünf Abschnitten desselben vier mehr oder weniger hierher: vor allem der erste, *Pronunciation*, demnächst der zweite, dritte und vierte, *Inflexion*, *Expressive Delivery* und *Emphasis*. (Abschnitt 5 behandelt *Looks and Gestures*.) BELLS Aussprache ist im Gegensatz zu derjenigen SWEETS eine theoretisch normirte; er legt aber bei seinen Vokal- und Konsonanten-Tabellen (§ 43 und § 141) normirte *englische* Werte zu Grunde.[3] Die *Anglicisms of Vowel Sound* bzw. *Articulation* (Konsonantenbildung) werden dann je in einer Reihe von Paragraphen noch einmal besonders besprochen, desgleichen die *Scotticisms*, *Hibernicisms* und *Americanisms*. Die wichtigeren Abweichungen sind folgende.

Für S.'s „*aa*" in *glass*, *ask* gibt B. den Mittellaut zwischen „*a*" in *man*, *an* und „*aa*" in *ah*. Das „*ə*" in *burn*, *urn* trennt B. von „*ə*" in *sir*, *her* und stellt es als Länge zu dem Laut (S. : *a*) in *come*, *up*. Der Vokal in *ore* (S. : *ɔ*) ist ihm weniger offen als der in *saw*, *all* (S. ebenfalls *ɔ*). Die Diphthongen in *high*, *isle* und in *how*, *owl* haben bei B. als erstes Glied den Laut „*aa*" (s. o.), der Diphthong in *boy*, *oil* als erstes Glied den Laut des Vokals in *all*. Bei den Konsonanten führt B. nicht nur das stimmlose *wh* in *which* neben stimmhaftem *w* in *witch*, sondern auch stimmlosen *j*-laut in *hue* neben dem stimmhaften in *you* auf. Ausser dem Anlaut-*r* wird auch das

---

[1] Eine Ausnahme bildet nur die Wiedergabe des anlautenden *wh* in *what* etc. durch *wh* statt des natürlichen „unaspirirten" *w*.

[2] "*The Elocutionary Manual*." *The Principles of Elocution*, with Exercises and Notations for Pronunciation, Intonation, Emphasis, Gesture and Emotional Expression. By ALEXANDER MELVILLE BELL, F. E. I. S. etc. Fourth Ed. Revised and enlarged. — Salem, Mass: James P. Burbank, 1878. (Geb. $ 1.50). — Man verwechsle das Buch nicht mit andern ähnlich betitelten Werken des Verfassers (wie ELZE, *Grundriss der engl. Phil.*, S. 334, zu thun scheint).

[3] SWEET sagt (in einem Briefe an mich): „Bell's pronunciation of English is Scotch modified strongly by purely artificial elocutionary habits, and differs totally from mine". — Von dem natürlichen Schottisch ist aber thatsächlich kaum etwas übrig geblieben.

Auslaut-*r* in der Liste verzeichnet, jedoch dazu bemerkt, dass dieses in englischer Aussprache nur eine schwache oder aber gar keine konsonantische Artikulation habe und in letzterem Falle durch den Vokal von *sir*, *her* vertreten werde. (Man beachte hierbei aber wenigstens die unten S. 23 gegebenen Nachträge aus BELLS *Essays and Postscripts*.) Eine aufmerksame Vergleichung aller dieser Punkte (auch der Bemerkungen über schottische, irische und amerikanische Aussprache) wird den Blick des Lernenden erweitern und diesen in den Stand setzen, sich auch praktisch, wo und wann es gut erscheint, von dem Londoner *Standard* zu emanzipiren. Die Durchnahme der von BELL beigefügten Übungen wird sich in mehr als einer Hinsicht nützlich erweisen.

Abschnitt 2, 3 und 4 bilden gewissermassen die Ausführung der von SWEET kurz (aber zum Teil von neuen Gesichtspunkten aus) behandelten Kapitel „Tonstärke" und „Tonhöhe". Ein sofortiges Durcharbeiten dieser Abschnitte will ich dem Anfänger nicht gerade empfehlen. Wer sich daran wagt, darf sicher sein, die aufgewandte Mühe belohnt zu finden. BELLS Darstellung ist überall ausserordentlich klar; er beweist sich hier als vortrefflichen Lehrer. Mit mechanischen Regeln wird der Leser verschont. „There has been far too much of this teaching by 'Rules' in all departments of education", sagt der Verfasser in der Einleitung (S. XV.) „The rules of nature are few and simple; at the same time extensive and obvious in their application. These are PRINCIPLES rather than rules ... If Principles are understood, the mind will deduce Rules for itself ..." — Die in Betracht kommenden Prinzipien vorzuführen, ist eben die Aufgabe, die sich BELL in seinem Buche gestellt hat. Die reichlich vorhandenen Übungen sind gut gewählt und, soweit nötig, mit Zeichen für *inflexion* (Tonfall), *modulation* (Stimmlage), *force* (Nachdruck), *time* (Tempo) und *expression* (Ausdruck und Manier des Vortrags) versehen. Erwähnt sei noch, dass sich BELL in dem *Principles of Elocution* keiner phonetischen Transskription — etwa des vielgenannten *Visible Speech*-Alphabets — sondern nur der gewöhnlichen Orthographie und vorübergehend einer Zifferbezeichnung für die Vokale bedient. Auch das bei der Zusammenstellung der Vokale gebrauchte Schema ist ein sehr einfaches, nicht das als BELLsches bekannte und von SWEET angenommene Vierecksystem.

Zur Ergänzung des hier besprochenen Buches dient in mannigfacher Hinsicht ein neues Werk desselben Verfassers: *Essays and Postscripts on Elocution*.[1] So ist z. B. die phonetische Behandlung der Vokale (im vierten Kapitel: *English Phonetic Elements*) beträchtlich genauer, während die schematische Anordnung derselben die denkbar einfachste Form — das deutsche Vokaldreieck — aufweist. Neben dem diphthongischen „äy" in *ale* steht hier „a" in *aerial*; ebenso „o" in *obey* neben „ōw" in *old*. Zu „i" in *idle* kommt „ahy" in *ay*; „o" in *on* und „äw" in *watch* sind getrennt. Vor Auslaut-*r* werden als besondere Lautnüancen anerkannt: „â" in *care* (neben „äy," „ä"), „ê" in *her* = „ï" in *sir*, „ô" in *ore* (neben „ōw," „o"), „û" in *pure* (neben „ū" in *use*), „ôo" in *poor* neben „ōo" in *too*. Endlich die *obscure vowels*: „ɑ" in *a*, *total* etc., „ę" in *-less*, *-ment* etc., „i" in *the*, *-ace* etc., „ǫ" in *-or*, *con-* etc., „u" in *-our*, *-tion* etc. Bezüglich der Konsonanten ist nur zu bemerken, dass nunmehr neben gewöhnlichem „*l*" in *let*, *seal*, *mile* ein — offenbar palatales — „*l*" in *lure*, *lute*, *lucid* erscheint. — Das vorhergehende Kapitel III *English Pronunciation* enthält eine Menge lehrreicher Einzelbemerkungen über englische, amerikanische und provinzielle Aussprache.

Will sich der Studirende nun darüber unterrichten, in welchem Verhältnis das Neuenglische in Bezug auf Lautsystem und Sprechweise zu andern modernen Sprachen steht, so fehlt es hierzu nicht an Gelegenheit. Da er das „BELLsche Vokalsystem" — nicht sowohl bei BELL als vielmehr in SWEETS *Elementarbuch* — schon kennen gelernt hat, so wird das Studium von SWEETS *Handbook of Phonetics*[2] keine Schwierigkeit machen. Andere Auffassungen hinsichtlich der Vokalbestimmung vertreten TRAUTMANNS *Sprachlaute*[3] und zum Teil auch meine *Elemente der Phonetik*.[4] In beiden Büchern ist beim Englischen in Übereinstimmung mit SWEET die gebildete Londoner Aus-

---

[1] New York: 48 University Place, Edgar S. Werner. 1886. (Geb. $ 1.50).

[2] *A Handbook of Phonetics*, including a Popular Exposition of the Principles of Spelling Reform. By HENRY SWEET. President of the Philological Society, etc. — Oxford, Clarendon Press. 1877. (Geb. 4 *s*. 6 *d*.)

[3] *Die Sprachlaute im allgemeinen und die Laute des Englischen, Französischen und Deutschen im besonderen*. Von Dr. MORITZ TRAUTMANN, ord. Prof. a. d. Universität Bonn. Leipzig, Fock. 1884—6. (*M*. 10,—.)

[4] *Elemente der Phonetik und Orthoepie des Deutschen, Englischen und Französischen*, mit Rücksicht auf die Bedürfnisse der Lehrpraxis. Von WILHELM VIËTOR. 2. verb. Aufl. Heilbronn, Henninger. 1887. (*M*. 4,80; geb. *M*. 6,20.)

sprache zu Grunde gelegt. Da zugleich die Wiedergabe der englischen Laute in der gewöhnlichen Schreibung durchgehends berücksichtigt ist, so können diese Bücher auch als Nachschlagebücher in schwierigeren Aussprachefragen benutzt werden. Dasselbe ist der Fall bei der *Englischen Lautlehre*[1] des an SWEET sich anschliessenden Norwegers WESTERN.

Bezüglich älterer Anleitungen zur Aneignung der englischen Aussprache von SCHMITZ, MATZNER, WALKER, KNOWLES, SMART, NUTTALL, DONALD, COOLEY, CULL (OGILVIE), PHELP (STORMONTH) verweise ich auf die sachkundige Besprechung bei STORM, *Englische Philologie*, S. 89—129. Die neue Auflage wird ohne Zweifel auch die seit 1881 erschienenen Hülfsmittel berücksichtigen.

Besonders erwähnen will ich den *Appendix to Webster's Dictionary*, der auf Verlangen auch besonders abgegeben wird,[2] wegen der Abteilungen *Explanatory and Pronouncing Vocabulary of Names of Noted Fictitious Persons and Places* (S. 1591—1652); *Pronouncing Vocabulary of Greek and Latin Proper Names* (S. 1653—1672); *Pronouncing Vocabulary of Modern Geographical Names* (S. 1681—1704); *Pronouncing Biographical Dictionary* (S. 1705—1756). Das hierauf folgende *Pronouncing Vocabulary of Common English Christian Names* (S. 1757—1762) ist dürftig. Mit der Aussprachebezeichnung bei WEBSTER (vgl. besonders S. XL) wird man sich, wenn man BELL kennt, unschwer abfinden.

Das seit 1884 erscheinende *New English Dictionary* von MURRAY[3] ist schon mehrfach gelegentlich genannt worden. Soweit es vorliegt — bis jetzt drei Lieferungen, von *A* bis *Boz* reichend — gibt es auch in Hinsicht der Aussprache die umfassendste Auskunft. Die von STORM S. 140 ff. besprochenen und zum Teil empfohlenen Lexika

---

[1] *Englische Lautlehre für Studirende und Lehrer*. Von AUG. WESTERN, Lehrer a. d. höheren Schule zu Fredriksstad. Vom Verfasser selbst besorgte deutsche Ausgabe. Heilbronn, Henninger. 1885. (*M.* 2, .)

[2] Mit Titel, Vorreden (S. I—XL) der vollständigen Ausgabe; London, George Bell & Sons. 1882. (Preis des Anhangs etwa 10 s.)

[3] *A New English Dictionary*, on Historical Principles etc., founded mainly on the materials collected by the Philological Society. Edited by JAMES A. H. MURRAY, LL. D., President of the Philological Society, with the assistance of many scholars and men of science. Oxford, Clarendon Press. Erscheint in 24 Lieferungen, Imp. 4°, zu 12 s. 6 d.; der Ladenpreis wird also 300 Mark betragen·

behalten neben diesem neuen Unternehmen zunächst ihre seitherige praktische Bedeutung. Zu den kleineren englisch-englischen Wörterbüchern ist mittlerweile hinzugekommen ANNANDALES *Concise English Dictionary*, das mit Recht gelobt wird. In der Bezeichnung der Aussprache folgt es CULL (OGILVIE), bekundet jedoch im einzelnen mancherlei Fortschritte. Eine genaue Aussprachebezeichnung wird man von einem für das englische Publikum bestimmten Handwörterbuch von vornherein nicht erwarten. Für den englischen Leser genügt z. B. die Angabe, dass ein *o* wie *o* in *note* oder wie *o* in *not* oder wie *o* in *move* zu sprechen sei; die den Umständen entsprechende Nüance wird er schon von selbst treffen. Die Wörterbücher sind daher in der Bezeichnung noch konservativer, als sie es in der Sache selbst sein wollen. So liest man z. B. bei ANNANDALE in den Vorbemerkungen über die Aussprache S. XV f. (in Übereinstimmung mit CULL bei OGILVIE, *The Student's Dictionary*, S. XIII): „The vowel which is heard in the key-word *fate* is heard also in the words *mail, pray, pear, feign, prey*, and *there*, although it is written by different means in each. In the Dictionary the reader is directed to give to each of those words the vowel *a* of *fate*, by the following notation, māl, prā, pār, fān, prā, thār. . ." Nun heisst es aber weiter: „Strictly speaking the vowel sound heard in *pear, there*, and similar words, differs slightly from that heard in the other words in being absolutely simple or pure in character. The vowel in the word *fate*, on the other hand, is a compound sound, the ending being slightly different from the initial part of it. The initial part is a vowel-sound of a specific character, which gradually changes until it becomes similar to the *e* of *me* or the *i* of *pin*, when it completes the vowel . . ." In gleicher Weise wird nachher der diphthongische Charakter des *o* in *note* im Unterschiede von *ou* in *four* (= *o* in *bore*) anerkannt.

Besonderer Vorsicht bedarf es beim Gebrauch der landläufigen englisch-deutschen Wörterbücher bezüglich der Ausspracheangaben. Dass die Verfasser vor allem aus englisch-englischen Wörterbüchern

---

[1] *A Concise English Dictionary of the English Language*; Literary, Scientific, Etymological, and Pronouncing. By CHARLES ANNANDALE, M. A., LL. D., Editor of "Ogilvie's Imperial Dictionary" (New Edition); etc. London, Blackie & Son. 1886. (Geb. in Lwd. 10*s*. 6*d*.; Hldr. 15*s*.)

schöpfen, könnte man ihnen kaum zum Vorwurf machen, wenn sie nur wenigstens mit den neueren Erscheinungen gleichen Schritt hielten. Das ist aber keineswegs der Fall. Man vergleiche z. B. die kurzen Bemerkungen bei STORM S. 129 f. über THIEME-PREUSSER und FLÜGEL. GRIEBS *Wörterbuch* (Stuttgart, Neff) wird von STORM nicht erwähnt. Auch hier steht es nicht besser. In der vermutlich aus der ersten Auflage übernommenen Vorrede zur siebenten Stereotypauflage (1873) sagt der Verfasser: „Bei Bestimmung der den englischen Wörtern beigefügten bezifferten Aussprache sind wir hauptsächlich WALKER gefolgt, ohne jedoch neuere Orthoepisten, wie JAMESON und WEBSTER dabei ganz unberücksichtigt zu lassen." Die erste Auflage von WALKERS *Critical Pronouncing Dictionary* erschien London 1791, doch hat allerdings GRIEB offenbar eine spätere Ausgabe benutzt; die erste Auflage von WEBSTERS *American Dictionary of the English Language* New York 1828 (ein *Compendious Dictionary* schon 1806). Auch die Aufzählung der „besten und neuesten englischen Orthoepisten", welche die in der angehängten *Synopsis* enthaltenen Wörter verschieden aussprechen, schliesst mit WEBSTER; aber auch SHERIDAN, der sein Wörterbuch 1780 herausgab, gehört noch zu den „besten und neuesten". Nicht einmal SMART wird erwähnt, dessen Wörterbuch 1838 erschienen ist (eine Aussprache-Grammatik bereits 1810). Da ist es nicht zu verwundern, wenn z. B. bei *kind* nur die Aussprache „*kyind*", für *yes* nur die Aussprache „*yis*" angegeben wird u. dgl. m.

So weist uns, beiläufig bemerkt, schon das praktische Bedürfnis der Feststellung der heutigen Aussprache immer von neuem darauf hin, dass die Aussprache nicht feststehend ist, dass sie mit der Zeit sich ändert, dass sie also eine Geschichte hat. Auf die Geschichte der Aussprache, die ja nichts geringeres ist als die Geschichte der Sprache im eigentlichsten Sinne des Wortes, werden wir in einem späteren Kapitel zurückkommen.

Hier ist noch ein Wort über die Erlernung der Aussprache im Lande selbst zu sagen. Es bedarf nun wohl keines weiteren Beweises mehr, dass der Erfolg nur ein sehr zweifelhafter sein könnte, wollte man die Aneignung der Aussprache einfach dem Aufenthalt in England, sei es auch in London selbst, überlassen. Vorbedingung für einen guten Erfolg ist eben, dass man zu hören[1] und das Gehörte zu beurteilen versteht. Ist diese Vorbedingung durch Befolgung des vorstehend skizzirten oder eines ähnlichen Studienganges erfüllt, so darf man sich denn auch getrost auf den guten Grund, den man zu Hause gelegt hat, verlassen und wird auch aus weniger gutem Englisch, das man einmal zu hören bekommt, Nutzen zu ziehen wissen. Natürlich lasse man es sich angelegen sein, möglichst viel gutes Englisch zu hören. Das Englisch des Vortrags wird auf den meisten Kanzeln und im ernsten Drama auf der Bühne gesprochen. Das Englisch des Umgangs liefern ebenfalls die Theater und vor allem der tägliche Verkehr mit Gebildeten, wenn nicht anders, in dem mehr als recht geschmähten *boardinghouse*. SWEET klagt in seinem Vortrag über die Spracherlernung (S. 98), es sei einem Engländer fast unmöglich, gebildetes Deutsch durch die Konversation zu erlernen, denn alle Deutschen wollten ihr Englisch an ihm üben und er komme in den Schulen und Pensionen des Auslandes meist nur mit Englischredenden in Berührung. Der Deutsche in England ist hier jedenfalls besser gestellt. Englisches Deutsch kommt ihm (wenn er nicht gerade Unterricht in seiner Muttersprache erteilt) doch nur selten zu Ohren. Auch aus englischem Deutsch lässt sich übrigens für die englische Aussprache manches lernen, und zwar um so mehr, je schlechter, d. h. je weniger deutsch und je mehr englisch es ist. Das charakteristische Englisch der Lautkomplexe entsprechend englischem *fear* oder *wrote* z. B. wird viel leichter erfasst, wenn man diese nämlichen Lautkomplexe für deutsches *vier* und *rot* gebrauchen hört.

Die Bedeutung des Aufenthaltes im Ausland für die Aussprache liegt wesentlich darin, dass derselbe der Gewöhnung an die Aussprache den besten Vorschub leistet: erstens, weil zum Hören und

---

[1] Es gibt Deutsche, die nach langjährigem Aufenthalt in England noch alle Charakteristika ihrer deutschen Mundart beim Englischreden zum Ausdruck bringen. Ich selbst kehrte z. B. nach meinem ersten einjährigen Aufenthalt in England nach Hause zurück, ohne den Unterschied des stimmlosen und des stimmhaften *s* etc. erfasst zu haben. Erst nachher kam ich beim Studium von ELLIS darüber ins Klare und konnte mit meiner Entdeckung einen ebenfalls mitteldeutschen Kollegen überraschen, der vorher 2½ Jahre in London Hauslehrer, allerdings in einer deutschen Familie, gewesen war. Bekannte, die noch länger in England gelebt haben, erklären *of* und *off* für gleichlautend, *soar* für verschieden von *sore*, sprechen *John* mit *o* wie in *note* etc.!

Reden der fremden Sprache reichlich Gelegenheit geboten, und zweitens, weil der störende Einfluss der eigenen Sprache beseitigt oder doch bedeutend eingeschränkt ist. Die nötigen Vorkenntnisse vorausgesetzt, wird man es in nicht zu langer Zeit zur Sicherheit in der Handhabung des englischen Lautsystems bringen, auch an die englische Accentuirung sich allmählich gewöhnen. Die volle Aneignung des englischen Tonfalls wird in der Regel nur bei langjährigem Aufenthalt unter gleichzeitigem Verlust des deutschen Tonfalls gelingen.[1]

Es versteht sich nach dem oben Gesagten von selbst, dass ich auch die Gewöhnung an die Aussprache keineswegs dem Aufenthalt in England allein überlassen will. Durch Übungen wie die oben empfohlenen, im Anschluss an SWEET und BELL, sowie durch Lautlesen gewöhnlicher Texte lässt sich auch ohne Gelegenheit zum Sprechen schon zu Hause so viel erreichen, dass man den Anforderungen der Prüfung (vgl. oben S. 1) zu genügen im Stande ist und in England von vornherein mit dem Verstehen und Reden keine Schwierigkeiten hat. Solche Übungen müssen freilich regelmässig angestellt werden und dürfen auch nach der Rückkehr von England nicht unterbleiben, soll die erlangte Fertigkeit nicht wieder — und schneller als man denkt — verloren gehen. Es ist damit nicht anders als mit der Fertigkeit im Klavier- oder Violinspiel.[2] Jeder Virtuos weis, dass er auch nicht einen Tag seine Übungen aussetzen

---

[1] Vgl. STORM, Engl. Phil., S. 1, und das nicht allein auf die Aussprache bezügliche Urteil von SWEET, a. a. O., S. 90: „To retain several languages perfectly at once is not only unnatural, but impossible — even (or rather, especially) for the most gifted linguist."

[2] Der Vergleich duldet weitergehende Anwendung, auch in Bezug auf die Verkehrtheit der im Unterricht üblichen Methode. Den Musikunterricht pflegt man thörichterweise mit dem Notenlesen zu beginnen; im Anschluss hieran werden die Griffe gelehrt. Der Unterricht in der Aussprache geht ebenfalls vom geschriebenen Zeichen aus und lehrt, wie die geschriebenen Buchstaben oder Wörter „gesprochen" werden, d. h. welche deutschen Laute dafür zu brauchen sind. Auf dieser Stufe bleibt der Unterricht hier wie dort meistens stehen! Die Folge ist, dass die meisten Dilettanten nicht die einfachste Melodie statt in C-dur auch nur in Des-dur oder in C-moll zu spielen verstehen und dass die meisten Englischlernenden das *s* in *dogs* und das *s* in *cats* für ein und dasselbe Ding halten. Mit dem Hören ist anzufangen, dann folge das Spielen oder Sprechen, dann das Lesen.

kann, ohne dass sein Spiel darunter leidet; eine Unterbrechung von Monaten oder gar Jahren wäre für ihn verhängnisvoll.

Um zum Schluss noch einmal kurz zusammenzufassen, so ist mein Rat der, *sogleich im ersten Semester an das phonetische Studium der englischen Aussprache zu gehen und nie die nötige Übung durch Sprechen oder Lautlesen zu vernachlässigen.*

DRITTES KAPITEL.
SPRACHKENNTNIS UND SPRACHBEHERRSCHUNG.

Im vorigen Kapitel war von der Aneignung der englischen Aussprache als der ersten wichtigen Aufgabe der Spracherlernung die Rede. Damit ist aber eben nur der Anfang der Spracherlernung gemacht. Es ist nicht genug, die Wörter und Sätze aussprechen zu können: man muss auch — in Rede und Schrift — mit Sicherheit und Gewandtheit die Wörter zu finden, die Sätze zu bilden wissen. Die preussische Prüfungsordnung (vgl. S. 1 f.) verlangt hier[1] von dem Kandidaten für den Unterricht in den *mittleren* Klassen: eine sichere Kenntnis der grammatischen Regeln und des für den Unterricht unentbehrlichen Wortschatzes, auch der wichtigeren feststehenden Thatsachen der Synonymik, einige Fertigkeit im mündlichen Gebrauch der Sprache und die Anfertigung einer im ganzen korrekten Übersetzung eines nicht zu schwierigen deutschen Textes ins Englische als schriftliche Klausurarbeit.

Für die *oberen* Klassen: nicht bloss grammatische Korrektheit, sondern auch Vertrautheit mit dem Sprachschatze und den Eigentümlichkeiten des Ausdrucks, und zwar im mündlichen wie im schriftlichen Gebrauch der Sprache. Die mündliche Prüfung ist soweit in englischer Sprache zu führen, dass dadurch die Fertigkeit des Kandidaten im mündlichen Gebrauche des Englischen ermittelt wird. Die auf das Englische bezügliche Arbeit ist in englischer Sprache abzufassen; auch sind die Prüfungskommissionen befugt, in allen Fällen,

---

[1] Der Übersichtlichkeit halber stelle ich hier und in ähnlichen Fällen die betreffenden Einzelforderungen noch einmal zusammen.

in welchen sie es zur Ermittelung des sicheren Besitzes des Wissens für zweckmässig erachten, Klausurarbeiten von mässiger Zeitdauer anfertigen zu lassen.

D. h. in kurzen Worten: es wird verlangt eine sichere, mehr oder weniger eingehende *Kenntnis* der *Grammatik* und des *Wort*bezw. *Sprachschatzes* überhaupt, und eine grössere oder geringere *Beherrschung der Sprache* im *mündlichen* und *schriftlichen Gebrauch*. Oder, wenn man es noch kürzer fassen will: der Kandidat soll *korrekt* (und *fertig*) Englisch *sprechen* und *schreiben* können.

Es fragt sich nun: wie lernt man am besten Englisch sprechen und schreiben? Diese Frage wird mit Rücksicht auf die verschiedenen Teile des Sprachgebietes — Grammatik; Wort-, bezw. Sprachschatz mit Synonymik und Idiotismen — eingehender zu betrachten sein. Ich möchte aber gleich von vornherein auch eine allgemeine Antwort zu geben suchen. Man lernt eine fremde lebende Sprache vor allem sprechen und schreiben durch *Hören* und *Lesen*, demnächst durch *Sprechen* und *Schreiben*: d. h. auf dem natürlichen Wege der *Nachahmung*.

Ich gerate hier mit der Ansicht von SWEET weniger in Widerspruch als es scheinen mag. SWEET sagt (a. a. O., S. 96): „The learning of a foreign language is as unnatural a process as can be conceived." Er schliesst hier aber die Erlernung der Aussprache ein, während ich dieselbe hier ausschliesse.[1] Dass diese von Erwachsenen wenigstens in der Regel nur mit Hülfe der Theorie erlernt werden kann, habe ich im vorigen Kapitel genügend hervorgehoben.[2] Ob im übrigen die praktische Spracherlernung der unbewussten Nachahmung überlassen werden könnte, brauchen wir hier nicht zu untersuchen. Bei langjährigem Aufenthalte im Auslande würde das Ziel wohl meistens erreicht werden. Ein solch langjähriger Aufenthalt, besonders vor dem Abschluss des akademischen Studiums ist aber nur eine seltene Ausnahme, ja eine Abnormität, und in nahezu allen Fällen hat sich der angehende englische Philologe schon vor

---

[1] Wenn SWEET (a. a. O.) hinzufügt: „The genuine natural method followed by nurses and children, and continued through life, is besides a very bad one, and by no means worthy of imitation, being unmethodical and wasteful", so ist auch hier wieder die Erlernung der Aussprache in Abzug zu bringen.

[2] Vgl. auch SCHRÖER, a. a. O., S. 31.

Beginn des akademischen Studiums systematisch mit der Sprache beschäftigt. Es wäre thöricht, auf die Unterstützung, welche diese systematische Beschäftigung ohne allen Zweifel leisten kann, nun fernerhin zu verzichten. Der Wert des grammatischen, phraseologischen, synomymischen Studiums für die Aneignung der Sprache wird von dem Anfänger häufig überschätzt; einmal, weil er in der Schule hierauf das Hauptgewicht hat legen sehen, sodann weil ihm der Massstab zur Beurteilung des so Erlernten fehlt. In der Regel ist die praktische Sprachbeherrschung sogar eines guten *Realschul*abiturienten eine ausserordentlich geringe, und der Einzelne wird gut thun, sich ohne sehr gewichtige Gründe nicht für eine Ausnahme zu halten. Hat er Gelegenheit, mit wirklichen Engländern eine Unterhaltung zu versuchen oder von einem solchen über einen von ihm geschriebenen englischen Brief ein aufrichtiges Urteil zu hören, so versäume er es nicht, eine Probe zu machen. Sehr wahrscheinlich wird er beim Schreiben zum Wörterbuch, wenn nicht gar zur Grammatik greifen. Dann frage er sich ernstlich, ob er nicht, statt „aus dem Englischen heraus" „ins Englische hinein" schreibt, d. h. ob er nicht deutsch denkt und ins Englische übersetzt. Ist dies der Fall, so gebe er sich damit zufrieden, dass er mit der praktischen Spracherlernung so ziemlich von vorn anfangen muss. Das Wörterbuch wird ihn fünfunter zehnmal doch in die Irre führen. Denn wie will er wissen, ob er das passende Wort trifft?[1]

Man darf auch nicht glauben, dass die mündliche und die schriftliche Sprachbeherrschung zwei ganz verschiedene Dinge seien. Voraussetzung für beide ist, dass man „in der fremden Sprache denken kann", d. h. dass einem mit dem Gedanken zugleich auch der englische Ausdruck zur Verfügung steht, wie das am ersten mit

---

[1] ELZE zitirt *Grundriss*, S. 338, als Beispiele verunglückter Übersetzungen aus Staatsprüfungs-Arbeiten: „*clean and unclean rhymes*", „*the regular quadruped iambus*". Noch drastischere Beispiele findet man bei O'CLARUS HIEBSLAC, *Englische Sprachschnitzer*, 3. Aufl., Strassburg, Trübner 1886. Ich könnte die Sammlung leicht vergrössern, will aber lieber umgekehrt ein paar englisch-deutsche Übersetzungsproben aus meiner Praxis in England mitteilen: „Wer wird mir in der Uhr des Bedürfnisses *(the hour of need)* zur Seite stehen?" „Die Betriebsamkeit des Augapfels *(the industry of the pupil)* ist die Freude des Lehrers". „Gib meinen Schatz *(my love)* Deiner Mutter" (im Briefschluss).

yes, no, please, thank you u. dgl. der Fall zu sein pflegt. So lange sich zuerst der deutsche Ausdruck darbietet und dieser nun in den fremden übersetzt werden muss, so lange kann von Beherrschung des letzteren keine Rede sein. Je seltener mehr ein deutscher Ausdruck an Stelle des noch nicht erworbenen englischen eintritt, desto grösser ist der in der Sprachbeherrschung überhaupt gemachte Fortschritt. Stehen die zum Ausdruck eines Gedankens notwendigen fremden Wörter und Phrasen nun wirklich zur Verfügung, dann ist es — Kenntnis der Aussprache und der Schreibung vorausgesetzt — im allgemeinen gleichgültig, ob man dieselben mündlich oder schriftlich zu äussern hat. Man tröste sich also nicht mit dem Gedanken, „wenn es auch noch an der nötigen Übung im Sprechen fehle, so könne man doch schriftlich sich englisch ausdrücken" — sondern prüfe, wie viel wirkliche Sprachbeherrschung dahinter steckt. Dass man beim Schreiben in der fremden Sprache, ebenso wie beim Schreiben in der eigenen, länger als beim Sprechen überlegen, auch verbessern und umarbeiten kann, ist richtig, ändert aber an dem Gesagten nichts.

Ich habe schon angedeutet, dass die Sprachbeherrschung mit den einfachsten Denk- und Ausdrucksformen der Umgangssprache zu beginnen pflegt. Bei dieser hat daher die Sprachaneignung einzusetzen und von ihr zu der Schriftsprache fortzuschreiten, wie denn auch die Schriftsprache aus der Umgangssprache erwachsen ist.[1]

Die Gelegenheit, die englische Umgangssprache als wirklich gesprochene Sprache kennen zu lernen, ist nun für den in Deutschland studierenden englischen Philologen gering. Im akademischen Vortrag wird, wenn überhaupt das Englische, weniger die Umgangsals die Schriftsprache zur Anwendung kommen; dies wird auch in den Seminarübungen, sogar den meisten „neuenglischen", der Fall sein. Vielleicht gelingt es, mit einem englischen Kommilitonen zu verkehren, der gutmütig oder bequem genug ist, sich im Verkehr seiner Muttersprache zu bedienen. Ist der Lernende selbst im Englischsprechen noch wenig geübt, so wird er dennoch kein recht natürliches Umgangsenglisch zu hören bekommen. Es ist eine Thatsache, dass man nicht nur eine fremde, sondern auch seine eigene Sprache um so schlechter spricht, je weniger der, mit dem man

---

[1] Vgl. SWEET, a. a. O., S. 79.

redet, sie beherrscht. Grösseren Gewinn darf man sich daher nur dann versprechen, wenn man häufiger in die Lage kommt, an der Unterhaltung *mehrerer* Engländer sich zu beteiligen.

Wo das gesprochene Wort nicht ausreicht, da muss das gedruckte helfend eintreten. Hier ist das beste Hülfsmittel wieder kein anderes als SWEETS *Elementarbuch*, das ja nicht etwa nur ein Elementarbuch der englischen Aussprache, sondern *des gesprochenen Englisch* ist. Durch die glückliche Vereinigung der Einführung in das Laut- und Accentsystem und der Einführung in den Wort- und Phrasenschatz der gebildeten Londoner Umgangssprache hat das *Elementarbuch* doppelten Wert. Hat man das Büchelchen um der Aussprache willen studirt, so ist man nebenbei in die Umgangssprache schon eingeführt. Wer es gut mit sich meint, lasse es aber dabei nicht bewenden, sondern nehme eben dieselben Texte nun auch um der Umgangssprache willen — nicht einmal, sondern recht oft — von neuem durch.[1]

Bedarf man neuen Stoffs, so empfehle ich mit STORM, dessen Ausführungen S. 181 ff. wohl zu beachten sind, *The English Echo* von S. D. WADDY.[2] Die mangelhafte Aussprachebezeichnung in dem angehängten Glossar lässt man am besten unberücksichtigt. Ebenfalls brauchbar ist das Büchelchen *English as it is Spoken* von CRUMP. Beide Bücher geben die Texte, wie zu denken, in gewöhnlicher Orthographie. Man mache es sich auch hier zur Regel, laut zu lesen und *jedes* der Aussprache nach nicht sicher bekannte Wort im Wörterbuch daraufhin nachzuschlagen. An Wiederholung lasse man es hier ebenfalls nicht fehlen.

Die natürliche Fortsetzung und Erweiterung dieser Lektüre bildet der moderne Roman. Sind wir bisher auf begrenztem Gebiet und gewiesenen Wegen gewandert, so thut sich jetzt ein weites freies Feld vor uns auf. Nur als Wegweiser seien ein paar Namen

---

[1] Den Inhalt der Texte im allgemeinen zeigen die folgenden Überschriften: *Descriptions* (Nature, Man — The Different Races of Men, Tools and Weapons, Food, Houses, Clothes, Language). *Colloquial Sentences*, *Dialogues* (Getting up in the Morning, Dinners und Manners, The Garden, Country Walk, Town Walk, Travelling), *The Picnic*, *Past and Present* (Gedicht).

[2] *The English Echo:* A Practical Guide to Conversation and Customs of Every-day Life in Great Britain. By SAMUEL D. WADDY. 14. Aufl. Leipzig, W. Violet. 1886 (*M.* 1.50.)

genannt. Vor allem Anthony Trollope. Niemand schildert besser, lebendiger, anschaulicher als er das englische Leben der Gegenwart. Er ist auch so leicht nicht ausgelesen. Die „Tauchnitz Edition" enthält etwa 90 Bände Trollopescher Romane. Mit zu den besten gehören *Framley Parsonage* (2 v.[1]) und *The Last Chronicle of Barset* (3 v.). Neben Trollope sind zu gleichem Zweck zu empfehlen W. Black, *The Strange Adventures of a Phaeton* (2 v.) u. a.; W. Besant und J. Rice, *Ready-Money Mortiboy* (2 v.); W. Besant, *All Sorts and Conditions of Men* (nicht in der „T. E."), George Eliot (Mary Ann Evans), *Middlemarch* (4 v. in „Asher's Collection"), auch noch Mrs. Gaskell, *Cranford* (1 v.), *Wives and Daughters* (3 v.), u. a. von den genannten Autoren; ferner Romane von Miss Braddon, E. Yates, Mrs. Oliphant, Thos. Hardy etc. Einer früheren Zeit gehören an Currer Bell (Charlotte Brontë), *Jane Eyre* (2 v.), *Shirley* (2 v.). Thackeray, *Vanity Fair* (3 v.) u. a. Über Bulwer und Dickens vgl. STORM, S. 202 f., dessen Exkurse über die Umgangssprache, S. 206—258, und die Vulgärsprache, S. 259—298, man, nachdem einige Belesenheit erlangt ist, mit grossem Gewinn studiren wird.

Eine willkommene Abwechslung beim Lesen ganzer Werke bietet die in England ausserordentlich entwickelte periodische Litteratur. Sehen wir uns hier um nach dem, was unseren Zwecken am besten dienen kann, so ist wohl in erster Linie eine Publikation zu nennen, die in anderer Hinsicht freilich nur einen sehr bescheidenen Rang einnimmt; ich meine die wöchentlich erscheinenden *Tit-Bits*.[2] Hier ist so viel unterhaltender Lesestoff leichter Art in jeder Nummer zusammengestellt, als die 16 Quartseiten zu fassen vermögen: Scherze, Anekdoten, Feuilletons, Geschichten etc. Dem direkten Verkehr mit dem Leserkreis dienen die Abteilungen „*Tit-Bits Inquiry Column*" (Fragen und Antworten), „*Correspondence*" (Eingesandt), „*Answers to Correspondents*" (Briefkasten), „*Tit-Bits of Legal Information*" (Antworten auf juristische Fragen). Das Meiste ist im lebendigen Alltagsenglisch geschrieben; einige Vorsicht ist z. B. nötig bei den

---

[1] D. h.: 2 Bände der „*Tauchnitz Edition*".

[2] *Tit-Bits* from all the most interesting books, periodicals, and newspapers in the world. Offices — Burleigh Street, Strand, London. — Preis jeder Nr. 1 d. Subskription für Frankozusendung in ganz Europa etc.: jährlich 6 s. 6 d, halbjährlich 3 s. 3 d., vierteljährlich 1 s. 8 d.

aus anderen Sprachen übersetzten „*Continental Tit-Bits*". — Ähnliche Unternehmungen sind *Rare Bits, Choice Bits* etc.

Zu den besten die unterhaltende Lektüre pflegenden Monatsschriften[1] gehören *Longman's Magazine* (6 d.; bis 1882 *Fraser's Magazine* genannt) und das *Cornhill Magazine* (6 d.; ursprünglich von Thackeray redigirt). Das seit 1883 erscheinende *English Illustrated Magazine* (6 d.) hält sich nicht auf der anfänglichen Höhe.[2] Daneben mögen z. B. noch genannt werden *All the Year Round* (begründet von Charles Dickens), *The Leisure Hour, Good Words*, die letzteren mit religiöser Färbung; ferner die etwas teureren *London Society, St. James' Magazine, Belgravia*. Etwas ernsteren Charakters, wenn auch zugleich der Unterhaltungslektüre gewidmet, sind *Blackwood's Magazine* (1 s.) und *Macmillan's Magazine* (1 s.). In der Mitte zwischen Zeitschrift und Zeitung (nach Art der Leipziger *Illustrirten Zeitung*) stehen die Wochenblätter *The Illustrated London News* (6 d.), *The Graphic* (6 d.) und seit 1874 *The Pictorial World*.

Man versäume auch nicht, wenn es sich einrichten lässt, eine oder mehrere der englischen Tageszeitungen möglichst regelmässig zu durchblättern. Man hat hier Gelegenheit, die täglichen Vorkommnisse von den politischen Ereignissen bis hinab zu den geringfügigsten Angelegenheiten des Lebens besprochen zu sehen, ob in der gewaltigen *Times* (16—20 Folioseiten, 3 d.) oder einem der immer noch grossen Penny-Morgenblätter *The Daily Telegraph, Standard, Daily News* etc., das ist für sprachliche Zwecke ziemlich gleichgültig. Handlicher und leichter zu bewältigen sind die Abendzeitungen, *The Globe* (1 d.), *The Pall Mall Gazette* (1 d.) etc. Vielgelesene Wochenblätter sind *Lloyd's Weekly Paper* (3 d.), *The People* (1 d.).

Besondere Beachtung verdienen die humoristischen Blätter, vor allem das erste Witzblatt der Welt, der zugleich vornehme und volkstümliche *Punch* (3 d.). Zum vollen Verständnis gehört schon eine gewisse Vertrautheit mit der Umgangssprache und Bekanntschaft mit englischen Verhältnissen im grossen wie im kleinen. Unter dieser Voraussetzung lässt sich vieles für das heutige Englisch aus der Lektüre

---

[1] Die folgenden Nachweise sollen wieder nur die *Auswahl* erleichtern!
[2] Hinter den vortrefflich illustrirten amerikanischen Zeitschriften *Harper's Monthly Magazine* und *The Century* (früher *Scribner's Monthly*), mit welcher die neue Zeitschrift konkurriren wollte, ist sie jedenfalls nicht nur im Preise zurückgeblieben.

des *Punch* lernen. Nicht selten dient der Englisch sprechende Deutsche mit seiner Konsonanten-Verwechslung und anderen Lächerlichkeiten als Zielscheibe des Witzes. — Geringeren Anforderungen genügen auch schon die Pennyblätter *Judy*, *Fun*, *Funny Folks* etc. Eine scharfe Grenze zwischen der Umgangssprache und der Schriftsprache lässt sich natürlich nicht ziehen, und manche, wenn nicht die meisten der angeführten Hülfsmittel bewegen sich zugleich auf dem Gebiet der Litteratursprache. „Magazine" wie *Blackwood* oder *Macmillan* stehen den litterarisch-wissenschaftlich-politischen „Revüen" nahe, besonders den neueren Monatsrevüen *The Fortnightly Review* (erscheint monatlich seit 1866), *The Contemporary Review*, *The Nineteenth Century*. Noch entschiedener als in diesen herrscht die kritische Abhandlung in den Revüen älteren Ursprungs: *The Edinburgh Review*, *The Quarterly Review*, *The Westminster Review* etc., die monatlich oder in grösseren Zwischenräumen herauskommen. Ähnliche Ziele verfolgt das Wochenblatt *The Saturday Review*. Eigentlich litterarische, zugleich Wissenschaft und Kunst berücksichtigende Blätter sind das *Athenæum*[1] und die *Academy*.[2] Sie bringen wöchentlich auf 20 dreispaltigen Quartseiten (3 *d.*) ausführlichere Besprechungen (im *Athenæum* anonym) oder kurze Notizen über neue Erscheinungen des In- und des Auslandes, ferner litterarische Mitteilungen, Personalnachrichten etc. Das Lesen wenigstens der einen dieser beiden Wochenschriften sollte man sich schon des Inhaltes wegen zur Pflicht machen; zugleich kann man hier am besten die Sprache der litterarischen Kritik in den mannichfachsten Variationen studiren.

Um die Lektüre für das Sprechen- und Schreibenlernen recht fruchtbar zu machen, muss man einerseits recht häufig laut lesen, andererseits Schreibübungen an die Lektüre anschliessen. Anfänglich darf man sich damit begnügen, einen wiederholt gelesenen Abschnitt einfach aus dem Gedächtnis aufzuzeichnen und das Geschriebene nachher mit dem Original sorgfältig zu vergleichen. Dann versuche man es, den Inhalt eines längeren Stückes in verkürzter Form wiederzugeben u. dgl. m., bis man sich freien stilistischen Arbeiten gewachsen fühlt. Will einmal ein Wort nicht einfallen, so schlage

---

[1] *The Athenæum*, Journal of English and Foreign Literature, Science, the Fine Arts, Music, and the Drama.

[2] *The Academy*, A Weekly Review of Literature, Science, and Art.

man in einem englisch-englischen Wörterbuche ein Synonymon nach oder gebrauche eine andere Wendung. Nur im äussersten Notfall greife man zum deutsch-englischen Wörterbuch.

Die „englische Staatsarbeit" wird auf diese Weise bald ihre Schrecken verlieren. Ist der Kandidat durch andere Beschäftigung doch etwas ausser Übung gekommen oder hat er die Arbeit länger unterbrochen, so lese er ein paar gut geschriebene englische Aufsätze und Kritiken, ehe er die Feder in die Hand nimmt, um seine Gedanken zu Papier zu bringen.[1] Um sich Ausdrücke, Wendungen etc. zu notiren, wird er die Feder aber auch schon während der Lektüre mit Vorteil gebrauchen können. Jedenfalls aber nicht erst deutsch schreiben, nicht einmal den ersten Entwurf!

Nun bleibt aber noch das Gespenst der Klausurarbeit, die dem Kandidaten für die mittleren Klassen sicher und vor welcher der Kandidat für die oberen Klassen nicht sicher ist. Hier handelt es sich um eine Übersetzung aus dem Deutschen ins Englische. Ich spreche hiervon erst jetzt, weil ich eine *gute* Übersetzung aus dem Deutschen ins Englische für schwerer halte als eine freie englische Arbeit. Es heisst Englisch schreiben mit Hindernissen. Die deutschen Denk- und Ausdrucksformen machen es nur schwerer, die passenden englischen zu finden, und nur bei recht umfassender Beherrschung der Sprache wird dies gelingen. Fühlt man doch diese Schwierigkeit sogar beim Übersetzen aus der fremden Sprache in die eigene! Wie viel leichter ist es, den Inhalt, sagen wir einer englischen Zeitungsnotiz, einem Anderen frei mitzuteilen, als ihm eine gute Übersetzung zu geben! Nun verlangt aber auch die Prüfungsordnung nur „eine im ganzen korrekte Übersetzung eines nicht zu schwierigen deutschen Textes in das Englische". Hat man einige Vertrautheit mit dem Englischen gewonnen, so wird man wohl auch beim Übersetzen aus dem Deutschen keine groben Fehler begehen, zumal wenn auch der Satzbau „nicht zu schwierig" ist.

Die Prüfungsordnung verlangt ferner „eine sichere Kenntnis der grammatischen Regeln" bei der Prüfung für die mittleren Klassen

---

[1] Gesetzt, man wollte ein englisches Mietsgesuch in eine englische Zeitung einrücken. Was würde man thun, um sicher zu gehen? Doch ohne Zweifel eine englische Zeitung vornehmen und ähnliche Gesuche (*Wanted* etc.) als Muster brauchen. Hier haben wir einen analogen Fall.

und „grammatische Korrektheit" bei der Prüfung für die oberen Klassen. Die grammatische Korrektheit hat sich der Kandidat auf dem ihm vorgeschlagenen Gange wohl erworben. Ob er eine sichere Kenntnis der grammatischen Regeln auf der Stelle nachweisen kann, das ist eine andere Frage. Es gibt bekanntlich viele Deutsche, die ihre Muttersprache mit völliger grammatischer Korrektheit handhaben, aber in die grösste Verlegenheit kämen, wollte man sie über die von ihnen befolgten grammatischen Regeln examiniren. Von dem Philologen ist nun in der That zu verlangen, dass er einen klaren systematischen Überblick über die in der Sprache geltenden Gesetze oder „Regeln" gewonnen habe. Das ist natürlich mit Hülfe einer systematischen Grammatik leicht zu bewerkstelligen. Am besten mit Hülfe einer Grammatik, die weder auf den abweichenden deutschen Gebrauch noch auf die früheren Formen des Englischen Rücksicht nimmt, also weder IMMANUEL SCHMIDT u. dgl., noch auch KOCH oder MATZNER — abgesehen davon, dass bei diesen letzteren der heutige Sprachgebrauch gar nicht überall zum Ausdruck kommt. Ich rate, zuerst noch einmal die „Grammatik" in dem unentbehrlichen SWEET, sodann eine der besseren von Engländern geschriebenen Grammatiken soweit nötig durchzunehmen, etwa die von W. SMITH[1] oder MASON.[2] Es versteht sich von selbst, dass man auch beim Lesen englischer Texte auf grammatische Erscheinungen sein Augenmerk richtet und die gemachten Beobachtungen mit der gedruckten Grammatik in Beziehung zu bringen sucht.

Eine andere Forderung der Prüfungsordnung ist: „sichere Kenntnis des für den Unterricht unentbehrlichen Wortschatzes, auch der wichtigeren feststehenden Thatsachen der Synonymik", bzw. „Vertrautheit mit dem Sprachschatze und der Eigentümlichkeit des Ausdrucks". Alles das darf man auch bei nicht sonderlich gutem Gedächtnis einfach der Lektüre überlassen, wenn dieser die auch sonst nötige Ausdehnung gewidmet wird. Gute Dienste kann hierbei leisten das besonders De Quincey, Macaulay und Carlyle berücksich-

---

[1] *A School Manual of English Grammar*, with Copious Exercises. By W. SMITH & T. D. HALL. London, J. Murray, 1873. (Geb. 3 s.).

[2] *English Grammar*, including Grammatical Exercises. By C. P. MASON. 28th Ed. London, Bell & Sons. 1885. (Geb. 3 s. 6 d.).

tigende Handbuch der englischen Prosa von MINTO.[1] Von anderen Hülfsmitteln zur Erlernung eines idiomatischen englischen Stils pflegt man zu viel zu erwarten. Die von Engländern bearbeiteten haben es vielfach auf Nachlässigkeiten, Vulgarismen etc. abgesehen, mit denen wir nicht zu kämpfen haben. Die von Deutschen geschriebenen sind meist im Dienste der „Übersetzungsmethode", gehen vom Deutschen aus oder nehmen doch auf das Deutsche Bezug und verraten zum Teil eine mangelhafte Kenntnis des englischen Sprachgebrauchs. — Empfehlen lässt sich noch als systematische Wörtersammlung der reichhaltige *Thesaurus of English Words and Phrases* von P. M. ROGET. Der Titel hat den Zusatz: „classified and arranged so as to facilitate the expression of ideas and assist in literary composition". (Vgl. STORM S. 168 ff.) Was von den aufgeführten Wörtern und Phrasen jedesmal am Platze ist, darüber muss freilich denn doch das eigene Sprachgefühl entscheiden. Glaubt man eine gedruckte Synonymik nicht entbehren zu können,[2] so nehme man C. J. SMITHS *Synonyms Discriminated* (neue Ausgabe, London 1882) oder desselben Verfassers weniger umfangreiche *Complete Collection of Synonyms und Antonyms* (5 s.).[3]

Hat der Kandidat in der vorstehend beschriebenen Weise von dem ersten Semester an regelmässig das Seinige gethan, so wird er auch ohne vorherigen Aufenthalt in England die Prüfung im praktischen Englisch recht wohl bestehen können und darf nun von diesem Aufenthalt im Lande selbst in der That etwas von der erstaunlichen Wirkung erhoffen, die ohne so gründliche Studien doch nur eine zweifelhafte sein würde. Ich brauche hier nur im allgemeinen auf die Bemerkungen zum Schluss des zweiten Kapitels zu verweisen. Das dort für die Aussprache Gesagte lässt sich jedenfalls auch auf die Sprachbeherrschung in anderem Sinne anwenden; auch die Mahnung zur fortgesetzten unablässigen Übung nach der Rückkehr ins Vaterland. Mag man sich drüben im Englischen auch

---

[1] *A Manual of English Prose Literature*, Biographical and Critical; designed mainly to show Characteristics of Style. By W. MINTO. Edinburg, Blackwood. 3d Ed. 1886. Geb. 7 s. 6 d.).

[2] Was unter den „wichtigeren feststehenden Thatsachen der Synonymik" in der Prüfungsordnung verstanden wird, ist etwas zweifelhaft.

[3] CRABB und TAYLOR sind auch in den „neuen" Ausgaben veraltet und ohnehin nicht praktisch angelegt.

noch so heimisch fühlen — gerade die Erfahrung, dass man nach einigen Monaten den Gebrauch der Muttersprache schon etwas verlernt hat und bei der unverhofften Begegnung mit einem Landsmann einige Mühe hat, die *yes* und *no* und *but* in deutscher Rede zu vermeiden, gerade diese Erfahrung lässt mit Sicherheit schliessen, dass es später in der Heimat der Muttersprache noch viel leichter fallen wird, wieder die fremde zu verdrängen.

VIERTES KAPITEL.

DAS HISTORISCHE STUDIUM DER SPRACHE UND LITTERATUR.

In dem vorstehenden dritten und vorwiegend auch im zweiten Kapitel haben wir als nächstes Ziel die möglichst gründliche praktische Kenntnis des heutigen Englisch im Auge gehabt. Wer dieses Ziel erreicht hat, ist — kaum braucht dies noch einmal hervorgehoben zu werden — darum noch lange kein englischer Philologe; jeder gebildete Engländer hätte dann in noch viel höherem Grade Anspruch auf diesen Titel. Er gleicht vielmehr einem Manne, der sich die Erforschung eines Flussgebietes zur Aufgabe gestellt hat, einstweilen aber nur um die Mündung des Flusses Bescheid weiss. Vom Nächsten gilt es nun zum Entfernteren vorzudringen, den Fäden zwischen Gegenwärtigem und Früherem nachzuspüren, zu dem Was die Antwort auf das Wie und Warum zu fügen, die Kenntnis durch das Verständnis zu ergänzen. Der englische Philologe muss Sprache und Litteratur der neuenglischen, mittelenglischen und altenglischen (angelsächsischen) Zeit in historischem Zusammenhang studiren.

Beim Sprachstudium treten als wichtigste Seiten *Geschichte der Sprache, Grammatik, Metrik* hervor. Dem Sprach- wie dem Litteraturstudium dient gleichmässig als notwendige Ergänzung das Studium der *politischen* und ganz besonders der *Kulturgeschichte*.

Es ist schon oben erwähnt und ohnehin bekannt genug, dass es dem angehenden englischen Philologen für das historische Studium wenigstens des Mittel- und Altenglischen an der nötigen Anleitung durch Vorlesungen und Seminarübungen nicht zu fehlen pflegt. Im Hinblick auf die „Anforderungen der Praxis" will ich jedoch auch hier einige Andeutungen zu geben suchen und auch hier wieder an die preussische Prüfungsordnung anknüpfen.

Bezüglich der *Geschichte der Sprache* und der historischen *Grammatik* wird für die mittleren Klassen keine Forderung gestellt. Für die Prüfung für die oberen Klassen heisst es: „Von den Hauptthatsachen der geschichtlichen Entwickelung der Sprache muss der Kandidat sich in dem Masse Kenntnis erworben haben, dass ihm das Verständnis der neuenglischen Laute, Formen und Wortbildungen ermöglicht wird."

Diese Kenntnis wird ohne Zweifel am besten erlangt durch die planmässige Lektüre mittel- und altenglischer Litteraturwerke unter Zuziehung systematischer Grammatiken. Die Prüfungsordnung begnügt sich in dieser Richtung mit der sehr bescheidenen Forderung, dass der Kandidat „nicht zu schwierige Stellen eines von ihm gelesenen altenglischen oder mittelenglischen Werkes mit richtiger Auffassung der darin vorkommenden Wortformen und im wesentlichen zutreffender Deutung des Sinnes zu übersetzen" im Stande sei. Gleichwohl wird der Studirende es sich angelegen lassen sein müssen, dass seine sprachliche Bekanntschaft mit mittel- und altenglischen Litteraturdenkmälern nicht auf die etwa zufällig — in der Regel nur zum kleinen Teile — im Kolleg oder im Seminar gelesenen Werke beschränkt bleibt. Am besten sucht er durch eine Chrestomathie eine direkte Anschauung von der zeitlichen und lokalen Entwickelung der Sprache ihren Hauptzügen nach zu gewinnen. Neben den ausschliesslich oder vorwiegend zum Gebrauche bei Vorlesungen bestimmten Lesebüchern von ZUPITZA[1] und WÜLCKER[2] sowie den reich kommentirten *Altenglischen Sprachproben* von MÄTZNER[3] sind für

[1] *Altenglisches Übungsbuch* zum Gebrauche bei Universitätsvorlesungen. Mit einem Wörterbuche. Von JULIUS ZUPITZA. 3. Aufl. Wien 1884. (*M*. 5,—.) Altenglisch ist hier im weiteren Sinne als gleichbedeutend mit Altenglisch (Angelsächsisch) und Mittelenglisch gefasst.

[2] *Altenglisches Lesebuch*. Zum Gebrauche bei Vorlesungen und zum Selbstunterricht hrsg. von Dr. RICHARD PAUL WÜLCKER. 1. Teil: 1250—1350. 2. Teil: 1350—1500. Halle 1874 und 79. (*M*. 4,50 und 8,60.)

[3] *Altenglische Sprachproben* [Orm bis Chaucer] nebst einem Wörterbuche, unter Mitwirkung von Karl Goldbeck hrsg. von EDUARD MÄTZNER. Erster Band: Sprachproben. 1. Abt.: Poesie. 1867. 2. Abt.: Prosa. 1869. Berlin, Weidmann. (*M*. 4,— und *M*. 4,—.) Über das Wörterbuch s. u. S. 49.

DAS HISTORISCHE STUDIUM DER SPRACHE UND LITTERATUR. 45

den Selbstunterricht besonders[1] die von der Clarendon Press in Oxford verlegten: SWEETS *Anglo-Saxon Reader*,[2] MORRIS und SKEATS *Specimens of Early English*[3] und des letzteren *Specimens of English Literature*,[4] zu empfehlen; namentlich wegen der grammatischen Einleitungen in jedem Bande und der litterarischen Notizen zu jedem Lesestücke. Diese Notizen nehmen freilich in den *Specimens* nicht durchaus die nötige Rücksicht auf die auswärtige, besonders deutsche Fachlitteratur und bedürfen im einzelnen Fall der Kontrolle.[5] Zur Ergänzung können dienen die in gleichem Verlag erschienenen alt- und mittelenglischen *Primers* von SWEET[6] und in gewissem Sinne die Ausgaben ausgewählter Stücke aus den *Canterbury Tales* von

---

[1] Für das Altenglische (Angelsächsische) sind auch die Lesebücher von RIEGER, KÖRNER und BRENNER brauchbare Hülfsmittel.

[2] *An Anglo-Saxon Reader*, in Prose and Verse. with Grammatical Introduction, Notes, and Glossary. By HENRY SWEET, M. A. Fourth Ed., Revised and Enlarged. Oxford 1884. (Eine 5. unveränderte Auflage 1885.) (Geb. 8 s. 6 d.)

[3] *Specimens of Early English*, with Indroductions, Notes, and Glossarial Index. By R. MORRIS, LL. D., and W. W. SKEAT, Litt. D. Part I. From 'Old English Homilies' to 'King Horn'. A. D. 1150 — A. D. 1300. Second Ed., carefully Revised. Oxford 1885. (Geb. 9 s.) — Part II. From Robert of Gloucester to Gower (A. D. 1298 — A. D. 1393.) Second Ed. Oxford 1877 (Geb. 7 s. 6 d.)

[4] *Specimens of English Literature*, from the 'Ploughman's Crede' to the 'Shepheardes Calender' (A. D. 1394 — A. D. 1579). With Introduction, Notes, and Glossarial Index. By W. W. SKEAT. Litt. D. Third Ed. Oxford 1880. (Geb. 7 s. 6 d.)

[5] Hierzu bieten die Hand die Fachzeitschriften: *Anglia, Englische Studien, Literaturblatt f. germ. u. rom. Phil.* etc., sowie besonders der *Jahresbericht über die Erscheinungen auf dem Gebiete der germanischen Philologie* hrsg. von der Gesellschaft für deutsche Philologie in Berlin.

[6] *An Anglo-Saxon Primer*, with Grammar, Notes, and Glossary. Second Ed. (Geb. 2 s. 6 d.) — *Old English Reading Primers:* — I. Selected Homilies of Ælfric. (Kart. 1 s. 6 d.) II. Extracts from Alfred's Orosius. (Kart. 1 s. 6 d.) — *First Middle English Primer.* Extracts from the 'Ancren Riwle' and 'Ormulum'. (2 s.) *Second Middle English Primer.* Extracts from Chaucer. (2 s.) Beide mit Grammatik und Glossar, das Chaucer-Lesebuch auch mit phonetischer Transskription einiger Texte versehen. — Für den Selbstunterricht empfiehlt sich für das Altenglische die Reihenfolge: *Anglo-Saxon Primer* — *Old English Reading Primers* (I oder II) — *Anglo-Saxon Reader;* andererseits für Chaucer: SWEETS *Second Middle English Primer* — MORRIS' Prolog etc. — SKEATS Ausgaben (s. folg. Anmerkung).

MORRIS und SKEAT.[1] Die ebenfalls von der Clarendon Press veröffentlichten *Typical Selections* geben die von Latimer bis Macaulay reichenden Texte leider sämtlich in moderner Orthographie.[2] Es erscheint als das Natürlichste, die in den Chrestomathien enthaltenen Stücke in chronologischer Folge zu lesen; doch ist dies keineswegs notwendig. Es lässt sich sehr wohl auch mit dem jüngsten Text beginnen und zum ältesten zurückgehen, oder das 14. Jahrhundert — etwa zur Ergänzung der im Kolleg oder Seminar betriebenen Chaucer-Lektüre — durchnehmen, ehe man auf die ältere mittelenglische oder die altenglische Zeit zurückgreift.

An Hinweisen auf verlässliche Ausgaben einzelner Werke und Autoren[3], vor allem des Beowulf (HEYNE, GREIN, HOLDER) und der Chaucerschen Dichtungen (MORRIS' *Aldine Edition*, BELL-SKEAT) wird es dem Studirenden in den Vorlesungen und Übungen nicht fehlen.[4] Doch will ich neben den Publikationen der *Early English Text Society* (seit 1864 jährlich mehrere Bände) wenigstens nennen die *Sammlung englischer Denkmäler in kritischen Ausgaben* (Berlin, Weidmann; bis jetzt 5 Bände zu *M.* 3,60 bis *M.* 7,—), nebst ZUPITZAS handlicher Ausgabe der *Elene*, die *Altenglische* [d. h. mittelenglische] *Bibliothek* hrsg. von EUGEN KÖLBING (Heilbronn, Henninger; bis jetzt 3 Bände zu *M.* 4,50 bis *M.* 7,—) und die *Englischen Sprach- und Litteraturdenkmale*, hrsg. von KARL VOLLMÖLLER (ebenda; bis jetzt 4 Bände zu *M.* 1,20 bis *M.* 4,—). Alle diese Sammlungen werden

---

[1] Ein von MORRIS herausgegebenes Bändchen (geb. 2 s. 6 d.) enthält den Prolog, *The Knightes Tale*, *The Nonne Prestes Tale*, mit biographischer und grammatischer Einleitung, Anmerkungen und Glossar. Etwas umfangreicher sind zwei ähnlich eingerichtete Bände von SKEAT: *The Prioresses Tale* etc. und *The Tale of the Man of Lawe* etc. (jeder geb. 4 s. 6 d.)

[2] Das ist nicht so gleichgültig, wie man vielfach glaubt. Ein Kandidat hielt einen Text in der Schreibung des 17. Jahrhunderts für — phonetisch transskribirt; ein angehender Lehrer lässt den Namen *Burke* zweisilbig ($e = e$ in *me*) sprechen!

[3] In der Regel wird sich die Privatlektüre in Betreff alt- und mittelenglischer Texte auf Hülfsmittel wie die *vorher* genannten beschränken müssen.

[4] Ein vortreffliches Nachschlagebuch bildet der *Grundriss zur Geschichte der angelsächsischen Litteratur*. Mit einer Übersicht der angelsächsischen Sprachwissenschaft. Von Dr. RICHARD WÜLKER, o. Prof. an der Universität Leipzig. Leipzig. Veit & Comp. 1885. (*M.* 10,—.) Daneben — und für das Mittelenglische einstweilen als einziges derartiges Hülfsmittel — KÖRTINGS soeben erschienener *Grundriss der Geschichte der englischen Litteratur*.

in jeder Universitäts- oder Seminarbibliothek zugänglich sein. Getreue Neudrucke von Denkmälern der früheren neuenglischen Zeit liegen vor in ARBERS *English Reprints* (14 Nummern zu 6 *d.* bis 5 *s.*) und *The English Scholar's Library* (bis jetzt 16 Nummern zu 1 *s.* 6 *d.* bis 12 *s.* 6 *d.*),[1] woneben GROSARTS Ausgaben (*Chertsey Worthies' Library* etc.) zu nennen sind.

Die besten und unentbehrlichen grammatischen Hülfsmittel bei der Lektüre sind für das Altenglische SIEVERS' *Angelsächsische Grammatik*[2] und für das Mittelenglische TEN BRINKS *Chaucers Sprache und Verskunst*.[3] Beide Bücher setzen den Lernenden zugleich in den Stand, altenglische und mittelenglische (zunächst Chaucersche) Texte, soweit dies bis jetzt möglich ist, auch lautlich korrekt zu lesen. Dies zu erreichen, mache man sich auch für die Privatlektüre zur Aufgabe und lese sich recht oft Stücke laut vor. Insbesondere für das Mittelenglische ist das lautrichtige Lesen eine Art Garantie für etymologische und lautgeschichtliche Kenntnisse und es hat ausserdem den Vorzug, dass es die alte Sprache ungleich näher bringt und gleichsam neubelebt. — Auf das ältere Neuenglisch, z. B. Shakespeare, pflegt man nicht allein die heutige Orthographie, sondern auch (wie vor nicht allzulanger Zeit auch auf Chaucer) die heutige Aussprache zu übertragen. Man wird entweder auf diese Bequemlichkeit oder auf eine wirklich philologische Lektüre verzichten müssen.[4] Wer sich zu dem ersteren entschliesst, findet in den *Pro*-

---

[1] Direkt vom Herausgeber, Prof. EDWARD ARBER, 35 Wheeleys Road, Birmingham, England, zu beziehen.

[2] *Angelsächsische Grammatik* von EDUARD SIEVERS. (Sammlung kurzer Grammatiken germanischer Dialekte. III.) 2. Aufl. Halle, Niemeyer. 1886. (*M.* 4.20.)

[3] *Chaucers Sprache und Verskunst* dargestellt von BERNHARD TEN BRINK. Leipzig, Weigel 1884. (Geb. *M.* 5.—.) Eine Ergänzung nach der syntaktischen Seite bildet die soeben erschienene Arbeit von EINENKEL, *Streifzüge durch die mittelenglische Syntax mit besonderer Berücksichtigung Chaucers*. Münster, H. Schöningh. 1887. (*M.* 4.—; geb. *M.* 4.60).

[4] *Wissen* muss man zum mindesten, dass und inwiefern das Englisch Shakespeares und das heutige durch eine Vokalverschiebung unterschieden sind, gegen welche die hochdeutsche Konsonantenverschiebung (die sog. zweite Lautverschiebung) wenig bedeuten will. Dass diese in der Orthographie zum Ausdruck kommt, jene im grossen und ganzen nicht, thut gar nichts zur Sache. — Für die Shakespeare-Lektüre *in der Schule* will ich die historische Aussprache natürlich nicht empfehlen.

nouncing Vocabularies des 16., 17. und 18. Jahrhunderts im dritten (S. 881 ff.) und vierten (S. 1001 ff.) Band bei ELLIS, *On Early English Pronunciation*,[1] die nötige Hülfe. Die sonst verdienstliche Shakespeare-Grammatik von ABBOTT[2] schliesst die eigentliche Lautlehre aus. — Für die Folgezeit sind die gleichzeitig erschienenen englisch-englischen und deutsch-englischen u. ä. Grammatiken trotz ihrer Mängel lehrreich; die wichtigsten erwähnt ELZE S. 297 ff. Von Grammatiken der modernen Sprache war schon im vorigen Kapitel die Rede. — Auf dem Neuenglischen aufgebaut (freilich ohne genügendes Auseinanderhalten des jetzigen und des älteren Sprachgebrauchs) und deshalb auch hier zu nennen ist MÄTZNERS grosse, alle Sprachperioden umfassende *Englische Grammatik*.[3]

Als lexikalische Hülfsmittel sind für das Altenglische am meisten zu empfehlen GREINS freilich nur auf die poetischen Denkmäler basirter und in manchen Dingen veralteter *Sprachschatz der angelsächsischen Dichter*[4] und der von GROSCHOPP neuerdings besorgte Auszug.[5] Die neue Ausgabe des BOSWORTHschen Wörterbuchs durch TOLLER (Oxford, Clarendon Press; bis jetzt die erste Hälfte — zwei Bände zu 15 s.) hat das Original keiner hinlänglich gründlichen Bearbeitung unterzogen. Handlich, aber eben auch nicht zuverlässig ist BOSWORTHS kleineres *Compendious Anglo-Saxon and English Dictionary* (London, J. R. Smith). Der Anfänger mag sich zunächst an die Glossare in SWEETS *Reader*, ZUPITZAS Ausgabe der *Elene* etc. halten. — Für das Mittelenglische haben wir STRATMANNS *Dictio-*

---

[1] Bis jetzt vier Bände (der fünfte ist in Vorbereitung) der Publikationen zugleich der *Philological Society*, der *Early English Text Society* und der *Chaucer Society*; London, Trübner. 1869—1875.

[2] *A Shakespearian Grammar*. An Attempt to Illustrate Some of the Differences between Elizabethan and Modern English. For the Use of Schools. By E. A. ABBOT, D D. New Edition. London, Macmillan 1878. (6 s.)

[3] *Englische Grammatik* von EDUARD MÄTZNER. 1. Teil: Die Lehre vom Worte. 2. u. 3. Teil: Die Lehre von der Wort- und Satzfügung. (3 Bände.) 3. Aufl. Berlin, Weidmann 1882—5. (M. 36,—.)

[4] Dritter und vierter Band der *Bibliothek der angelsächsischen Poesie* in kritisch bearbeiteten Texten und mit vollständigem Glossar. Hrsg. von C. W. M. GREIN. Kassel und Göttingen G. H. Wigand. Bd. 3 1861. Bd. 4 1864.

[5] *Kleines angelsächsisches Wörterbuch*. Nach Greins Sprachschatz der ags. Dichter bearbeitet von FR. GROSCHOPP. Kassel, Wigand. 1883. (M. 5.—)

nary[1] sowie das bis zur Mitte vorgerückte Wörterbuch zu MATZNERS *Altenglischen Sprachproben*.[2] — Dem älteren Neuenglisch sind gewidmet NARES' *Glossary* (London 1822; neue Ausgabe von HALLIWELL und T. WRIGHT, London 1876 in zwei Bänden) und ALEX. SCHMIDTS bekanntes *Shakespeare-Lexicon*[3], bei dem nur zu beklagen ist, dass es auf die alte Schreibung (und Aussprache) nur selten Rücksicht nimmt, vielmehr die *Cambridge Edition* zu Grunde legt. Weiterhin wird eine ältere Ausgabe der Wörterbücher von BAILEY, JOHNSON und anderen Lexikographen des 18. Jahrhunderts gute Dienste leisten können. Wegen neuerer Werke verweise ich auf das Kapitel über die Aussprache sowie auf STORM, S. 129 ff., und ELZE, S. 269 ff., mit welchem ich neben WEBSTER (New Edition, with Supplement, geb. 1 *l*. 11 *s*. 6 *d*.) als grösseres Wörterbuch ANNANDALES neue Ausgabe von OGILVIE (4 Bände, 1883, geb. 5 *l*.) empfehlen möchte. Die englisch-deutschen Wörterbücher lassen auch an und für sich viel zu wünschen übrig. Eine vortreffliche „Ergänzung zu allen bis jetzt erschienenen" bildet das seit Jahren vergriffene, nun aber in zweiter Auflage erscheinende *Supplement-Lexikon* von HOPPE.[4] Endlich sind hier als praktischste etymologische Wörterbücher zu erwähnen SKEATS *Etymological Dictionary of the English Language* (Second Edition. Oxford, Clarendon Press, 1884, 4°, geb. 2 *l*. 4 *s*.) sowie der Auszug daraus *A Concise Etymological Dictionary* (Second Edition, ebd., 1885, 8", geb. 5 *s*. 6 *d*.), woneben EDUARD MÜLLERS

---

[1] *A Dictionary of the Old English Language*, compiled from Writings of the XII., XIII., XIV., and XV. Centuries, by F. H. STRATMANN. Third Edition. Krefeld, Gehrich & Co. 1878. (*M.* 30,—.) Dazu ein *Supplement*. Krefeld. 1881. (*M.* 5,—; das Ganze *M.* 35,—.)

[2] Zweiter Band von: *Altenglische Sprachproben* nebst einem Wörterbuche hrsg. von EDUARD MÄTZNER. 1. Abt.: A—D. 1878. 2. Abt.: E—H. 1885. Berlin, Weidmann (*M.* 31.—).

[3] *Shakespeare-Lexicon*. A Complete Dictionary of all the English Words, Phrases and Constructions in the Works of the Poet. By Dr. ALEXANDER SCHMIDT. Second Edition [fast unverändert]. 2 Bde. Berlin, Reimer; London, Williams & Norgate. 1886. (*M.* 24.—.)

[4] *Englisch-deutsches Supplement-Lexikon* als Ergänzung zu allen bis jetzt erschienenen englisch-deutschen Wörterbüchern . . . Durchweg nach englischen Quellen bearbeitet von Dr. A. HOPPE, Prof. am Berlinischen Gymnasium zum Grauen Kloster. 2., umgearbeitete und vermehrte Aufl. In vier Abteilungen. 1. Abt.: A—Close. Berlin, Langenscheidt. 1888. (*M.* 8.—.)

Etymologisches Wörterbuch (2. Auflage, 2 Teile; Cöthen, Schettler, 1878—9) seinen Wert behält.

Schon um sich bei der Lektüre stets des historischen Zusammenhanges bewusst zu bleiben, in welchem die gerade behandelten Sprachdenkmäler stehen, wird man eine übersichtliche Darstellung der Geschichte der Sprache nicht wohl entbehren können. Solche findet man in dem von KÖLBING neu herausgegebenen ersten Band von FIEDLERS *Wissenschaftlicher Grammatik*[1] (1. Abschnitt: Geschichte der englischen Sprache) und ausführlicher in LOUNSBURYS *History of the English Language*.[2] Über andere Hülfsmittel ähnlicher Art vergleiche man STORM, S. 423 f., und ELZE, S. 235.

Hat der Lernende durch die Lektüre sich einige Anschauung von dem Englischen in seinen verschiedenen Stadien und — was hier gleich zugefügt werden muss — einige Kenntnis der nächstverwandten Sprachen erworben, so darf er sich auch an ein gründlicheres *systematisches Studium* der historischen Grammatik wagen. Am besten ist es, wenn er eine Vorlesung darüber hören kann; andernfalls mag er zunächst wieder zu FIEDLER-KÖLBING greifen; denn wenn auch in der vor zehn Jahren erschienenen Neubearbeitung aus äusseren Gründen nicht alles Veraltete durch Besseres ersetzt worden und einiges Neue seitdem wiederum veraltet ist, so ist das Buch doch noch immer das beste seiner Art und kann von dem daraus ja nicht ausschliesslich schöpfenden Studenten mit Nutzen gebraucht werden. Der 2. Band, Syntax und Verslehre enthaltend, wurde 1861 von K. SACHS hinzugefügt. — Dann sehe man sich MÄTZNER (s. o. S. 48) und KOCH an.[3] Letzterer geht überall vom Altenglischen

---

[1] *Wissenschaftliche Grammatik der englischen Sprache* von EDUARD FIEDLER. Erster Band (Geschichte der engl. Sprache. Lautlehre. Wortbildung. Formenlehre.) 2. Aufl., nach dem Tode des Verfassers besorgt von EUGEN KÖLBING. Leipzig, Violet. 1877. (*M.* 6,—.) Die erste Auflage erschien 1850.

[2] *History of the English Language*. By T. R. LOUNSBURY. (Handbooks for Students and General Readers.) New York, Henry Holt & Co. 1886. (Geb. $ 1. —.)

[3] *Historische Grammatik der englischen Sprache* von C. FRIEDRICH KOCH. I. Band: Laut- und Flexionslehre. 2. unveränderte Aufl. 1882. II. Band: Satzlehre. 2. Aufl. besorgt von JULIUS ZUPITZA. 1878. [Fehler sind verbessert, Nachträge des Verf. zugefügt, sonst wenig geändert.] III. Wortbildung. 1. Teil: Angelsächsisch nebst den anderen germanischen Elementen. 1868. 2. Teil: Fremde Elemente. 1869. Kassel, Wigand. (*M.* 30.—.)

(Angelsächsischen) aus, wodurch seine Darstellung im Vergleich zu MÄTZNER an Durchsichtigkeit gewinnt. Das Neuenglische ist bei KOCH weniger berücksichtigt. Obwohl in vielen Punkten von der fortschreitenden Wissenschaft bereits überholt, bilden diese beiden Werke — sehr wahrscheinlich noch auf lange hinaus - die bedeutendsten Gesamtdarstellungen der englischen Grammatik.

Ausdrücklich verlangt die preussische Prüfungsordnung von jedem Kandidaten der englischen Philologie eine gewisse Kenntnis der *Metrik*. Wünscht er die sog. mittlere Fakultas, so muss er „mit den wesentlichen Regeln des neuenglischen Versbaues und Reimes bekannt sein"; will er in den oberen Klassen unterrichten, so soll er „mit den Gesetzen des englischen Versbaues älterer und neuerer Zeit sich bekannt gemacht haben". — Das erste Erfordernis ist wieder die aufmerksame Lektüre englischer Dichtungen. Das Nötigste über neuenglische Versmasse enthält schon z. B. die früher erwähnte Grammatik von W. SMITH (Part V: *Prosody*). Die knappsten Grundzüge der altenglischen Metrik gibt SWEET im *Anglo-Saxon Reader* zu Ende der grammatischen Einleitung. Die Behandlung der Chaucerschen Verskunst bildet, wie der Titel andeutet, den Inhalt der zweiten Abteilung von TEN BRINKS Chaucer-Grammatik. Einen Überblick über die historische Entwickelung der englischen Metrik mit Bezug auf die wichtigeren Arbeiten über diesen Gegenstand findet man bei ELZE im letzten Abschnitt seines *Grundrisses* („Metrik", S. 340 ff.). Ausführlichere historische Darstellungen enthalten GUESTS *History of English Rhythms*[1] und - besser — SCHIPPERS noch unvollendete *Englische Metrik*.[2]

Ich kann diese Bemerkungen über das Studium der englischen historischen Grammatik und Metrik nicht abschliessen, ohne nochmals hervorzuheben, was sich dem Studirenden ohnehin auf Schritt und Tritt ergeben wird, dass nämlich der englische Philologe auch auf anderen Gebieten der germanischen Philologie überhaupt Bescheid wissen muss. Bei der Beschäftigung mit dem Altenglischen

---

[1] *A History of English Rhythms*. By EDWIN GUEST. A New Edition edited by W. W. SKEAT. London, G. Bell & Sons, 1882. (Geb. 18 s.)

[2] *Englische Metrik* in historischer und systematischer Entwickelung dargestellt von Dr. J. SCHIPPER, ord. Prof. der engl. Phil. a. d. k. k. Univ. in Wien. Erster Teil: Altenglische [d. h. alt- und mittelenglische] Metrik. Bonn, E. Strauss, 1881. (M. 13,50.)

(Angelsächsischen) tritt dies am klarsten zu Tage; denn dieses stellt eben nicht nur die älteste Periode des Englischen dar, sondern ist zugleich einer der altgermanischen Dialekte, eine Schwestersprache des Gotischen, Altnordischen, Friesischen, Altsächsischen, Althochdeutschen. Mit den wichtigsten dieser Sprachen muss sich der englische Philologe wenigstens soweit beschäftigen, dass ihm die vergleichende deutsche, d. h. germanische Grammatik — die er im Anschluss an eine Vorlesung, im Notfall an Bücher wie HOLTZMANNS *Altdeutsche Grammatik*,[1] HEYNES *Laut- und Flexionslehre*,[2] BRAUNES *Gotische Grammatik* und andere Bände der *Sammlung kurzer Grammatiken germanischer Dialekte* studiren muss — nicht eine Rechnung mit einer Bekannten und fünf oder sechs Unbekannten bleibt. Kaum weniger nützlich, wenn auch von der germanischen Philologie noch nicht anerkannt, ist die vergleichende Beschäftigung mit den lebenden germanischen Sprachen, insbesondere soweit sie gesprochene sind; vor allem, wie schon in dem Kapitel über die Aussprache bemerkt, mit der neuhochdeutschen Muttersprache, ferner dem Schwedischen, Dänischen etc. Eine vergleichende Laut- und Flexionslehre der modernen germanischen Dialekte wird mit der Zeit aus der vergleichenden Phonetik erwachsen.

Es erscheint naturgemäss, dass der Kandidat das Deutsche als zweites Hauptfach (§ 10, 1 a der Prüfungsordnung) neben dem Englischen wählt. Ebenso ergibt sich aus naheliegenden Gründen das Französische als natürliches Nebenfach (§ 10, 1 b).[3] Durch die Bestimmung der Prüfungsordnung (a. a. O.), dass mit jeder Stufe der Lehrbefähigung im Französischen oder *Englischen* „Lateinisch 3" (Lehrbefähigung für die unteren Klassen) zu verbinden sei, ist es schon sicher gestellt, dass die sprachliche Bildung des englischen Philo-

---

[1] *Altdeutsche Grammatik*, umfassend die gotische, altnordische, altsächsische, angelsächsische und althochdeutsche Sprache. Von ADOLF HOLTZMANN. Erster Band. Leipzig, Brockhaus. 1870. (M. 7.—.) Allerdings zum Teil veraltet.

[2] *Kurze Laut- und Flexionslehre der altgermanischen Dialekte* von MORITZ HEYNE. (I. Teil der *Kurzen Grammatik der altgerm. Dialekte*, Gotisch, Althochdeutsch, Altsächsisch, Angelsächsisch, Altfriesisch, Altnordisch.) 3. verbess. Aufl. 2. Abdruck. Paderborn, Schöningh. 1880. (M. 5,—.)

[3] Bezüglich des zweiten Nebenfaches, das sowohl aus dem sprachlich-geschichtlichen, als aus dem mathematisch-naturwissenschaftlichen Gebiete gewählt werden darf (§ 10. 1 b). will ich keinerlei Vorschlag machen.

logen keine zu einseitig „moderne" werden kann. Dringend zu wünschen ist jedoch, dass der Student die ersten Semester dazu benutzt, durch das Hören einer Vorlesung über vergleichende Grammatik einen tieferen Blick in die indogermanische Sprachverwandtschaft zu thun und die Sprache auch einmal von der sprachwissenschaftlichen Seite zu betrachten. Ist es ihm möglich, eine zeitlang als Realabiturient Griechisch und nicht nur als Gymnasialabiturient Sanskrit zu treiben, so ist es um so besser. Die Gefahr der fachmännischen Kurzsichtigkeit bleibt auch dann noch gross genug.[1]

Noch ein Hauptpunkt bleibt zu besprechen: die Kenntnis der *Litteratur*. Nach der Prüfungsordnung muss der Kandidat, der die Befähigung, in den mittleren Klassen zu unterrichten, nachweisen will, „von dem Entwicklungsgange der neueren englischen Litteratur eine Übersicht gewonnen und einige Werke hervorragender Schriftsteller, soweit sie im Bereiche der Schullektüre liegen, mit eingehendem Verständnis gelesen haben". Für die Oberklassen ist von dem Kandidaten zu verlangen, „dass er von der Entwicklung der Litteratur nach ihren Hauptepochen und Hauptträgern ein deutliches, zum Teil durch Lektüre belebtes Bild gewonnen und von den hervorragenden Schriftstellern seit dem Ende des 16. Jahrhunderts wenigstens ein oder das andere Werk mit sicherem Verständnis gelesen hat".

Es ist nur zu sehr die Regel, dass der Studirende, wie die sprachliche Kenntnis durch grammatische, so die litterarische durch litteraturgeschichtliche Kompendien zu gewinnen sucht, während für die Lektüre der Schriftwerke selbst kein Raum bleibt. Das ist nicht besser, als wenn man den erläuternden Text zu einer Bildersammlung studiren wollte, ohne den Bildern selbst eine Betrachtung zu gönnen. Ist daher in der Prüfungsordnung dies auch nicht ausdrücklich verlangt, so wird auch der zum Examen für die mittleren Klassen sich meldende Kandidat wenigstens durch Auszüge und Proben sich einigermassen zur eignen Anschauung verhelfen müssen, wenn er „von dem Entwicklungsgange der neueren englischen Litteratur eine

---

[1] Hätte jemand auch die verschiedensten alten und neuen indogermanischen Sprachen kennen gelernt, bemerkt SCHLEICHER, *Die deutsche Sprache* (4. Aufl., S. 4), „so ist er, trotz seines nicht geringen sprachlichen Wissens, doch nur einem solchen Pflanzenkenner vergleichbar, dem ausser Erbsen, Linsen, Wicken und Bohnen noch nie eine Pflanze unter die Augen gekommen wäre."

Übersicht gewinnen" will, die nicht bloss oberflächlich und rein gedächtnismässig, also im Grunde wertlos ist. Zur Not kann schon die gleichzeitige Lektüre eines Buches wie SHAWS *The Student's Specimens of English Literature*[1], HERRIGS *British Classical Authors*[2] zur Illustration des litteraturgeschichtlichen Kompendiums dienen. Dass der Studirende von der Entwicklung der Litteratur der älteren Perioden „nach ihren Hauptepochen und Hauptträgern ein deutliches, zum Teil durch Lektüre belebtes Bild" gewinnt, dafür wird schon die im *sprachlichen* Interesse betriebene Lektüre sorgen. Zugleich im Hinblick auf die litteraturgeschichtlichen Bedürfnisse habe ich gerade die Chrestomathien der Clarendon Press mit ihren litterarischen Notizen etc. besonders empfohlen.

Für die neuere Zeit kommen für die litteraturgeschichtliche Lektüre ausser den früher erwähnten auch modernisirte Ausgaben in Betracht, die in grosser Zahl vorhanden sind, freilich nur zum kleinen Teil weitergehenden, besonders auch kritischen Ansprüchen genügen können. Bequem zugängliche und billige Texte bieten die bekannte *Tauchnitz Edition* und die ähnliche Sammlung von Asher. Beide werden in den letzten Jahren jedoch von englischen Serienausgaben, worüber die Anzeigen in der *Academy* und im *Athenæum* Aufschluss geben, in Bezug auf äussere Ausstattung und an Billigkeit bedeutend übertroffen. Manches brauchbare Erklärungsmaterial enthalten die freilich recht ungleich gearbeiteten Bändchen der *Sammlung* (Berlin, Weidmann) bezw. der *Schulausgaben englischer Schriftsteller mit deutschen Anmerkungen* (Leipzig, Teubner) sowie die neue *Students' Series* (Leipzig, Tauchnitz) Ähnliche kommentirte Ausgaben findet man in dem jeder ihrer Publikationen (z. B. SWEETS *Reader*) angehängten Verlagskatalog der Clarendon Press. Erwähnung verdienen auch die von E. REGEL in mehreren Heften herausgegebenen *Lectures on the English Humourists* von THACKERAY (Halle, Niemeyer). Im übrigen (insbesondere auch wegen Ausgaben von SHAKESPEARE) verweise ich

---

[1] *Choice Specimens of English Literature.* Selected from the Chief English Writers, and Arranged Chronologically. By THOMAS B. SHAW, M. A. Edited, with Additions, by WILLIAM SMITH. D. C. L., L. L. D. New Edition. London, John Murray, 1872 u. ö. (Geb. 7 s. 6 d.)

[2] *The British Classical Authors.* Select Specimens of the National Literature of England with Biographical and Critical Sketches. Edited by L. HERRIG. 56. Aufl. Braunschweig, Westermann. 1884. (*M.* 4,50.)

auf STORMS fünftes Kapitel „Lektüre und Litteraturstudium". Die Anschaffung der grossen kritischen Ausgaben neuenglischer Schriftsteller wird der Studirende in der Regel den Universitätsbibliotheken überlassen oder von ihnen erhoffen müssen. Als Wegweiser und Ratgeber für litteraturgeschichtliche Studien kann künftig dienen KÖRTINGS soeben erschienener *Grundriss der Geschichte der englischen Litteratur*.[1] Hier ist in der That „einem längst gefühlten Bedürfnis" in bester Weise abgeholfen. Für die altenglische Zeit gibt das Buch knapper als bei WÜLKER, für die mittel- und neuenglische zum ersten Mal zuverlässigen Nachweis über die Überlieferung — Handschriften, bezw. Ausgaben —, den Inhalt und die litteraturgeschichtliche Bedeutung der wichtigeren Erscheinungen und das nötige Material zur Würdigung der wichtigeren Autoren. Auch zu den vorstehenden Notizen ist KÖRTINGS Buch zu vergleichen.

Eine wirkliche Litteraturgeschichte ist KÖRTINGS *Grundriss* nicht und will es auch gar nicht sein. Für die altenglische und die ältere mittelenglische Zeit besitzen wir jedoch eine vortreffliche Darstellung der Litteraturentwicklung in dem bis jetzt allein erschienenen ersten Band von TEN BRINKS *Geschichte der englischen Litteratur*,[2] zu welchen die leider ebenfalls noch unvollendeten „*Chaucer-Studien*"[3] desselben Verfassers als einstweilige Ergänzung betrachtet werden mögen. Die bei TEN BRINK fehlenden Litteraturnachweise bringt für die älteste Periode in aller nur wünschenswerten Vollständigkeit und Ausführlichkeit WÜLKERS bereits S. 46 erwähnter *Grundriss der angelsächsischen Litteratur*. Gute Spezialgeschichten der englischen Dichtung vom 11. bis zum 16. Jahrhundert, sowie der dramatischen Poesie bis zum Tod der Königin Anna liegen vor in

---

[1] *Grundriss der Geschichte der englischen Litteratur* von ihren Anfängen bis zur Gegenwart von Dr. GUSTAV KÖRTING, o. ö. Prof. d. rom. u. engl. Phil. a. d. kgl. Akad. zu Münster i. W. (*Sammlung von Kompendien für das Studium und die Praxis*, I. Serie, 1.) — Münster i. W., II. Schöningh. 1887. (*M*. 4,—; geb. *M*. 4,80.)

[2] *Geschichte der englischen Litteratur* von BERNHARD TEN BRINK. Erster Band. Bis zu Wiclifs Auftreten. Berlin, Oppenheim. 1877. (*M*. 8,—.).

[3] *Chaucer. Studien zur Geschichte seiner Entwicklung und zur Chronologie seiner Schriften.* Von BERNHARD TEN BRINK. Erster Teil. Münster, Russell. 1870. (*M*. 4,—.)

THOS. WARTONS *History of English Poetry* (neue Ausgabe in 4 Bänden von W. C. HAZLITT, London, 1871), und A. W. WARDS *History of English Dramatic Literature* (2 Bände; London, 1875).

Die geschichtliche Darstellung der neueren englischen Litteratur lässt, obwohl sie in der Regel die starke Seite der landläufigen Litteraturgeschichten bildet, noch viel zu wünschen übrig. Zu den besseren Leistungen wenigstens gerade in dieser Hinsicht gehören die sehr reichhaltige und bis 1885 fortgeführte *Chambers's Cyclopædia*[1] sowie SHAWS *The Student's Manual of English Literature*.[2] Die beste Einführung in das litterarische Studium Shakespeares und seiner Zeitgenossen bildet M. KOCHS *Shakespeare* (Stuttgart, Cotta; geb. *M.* 1,—). Das Verständnis des 18. Jahrhunderts erschliesst HETTNERS meisterhafte *Geschichte der englischen Litteratur* von 1660—1770.[3] Für die jüngste Zeit nenne ich MORLEY, *Of English Literature in the Reign of Queen Victoria* (in der *T. E.*) und E. C. STEDMANS Buch *Victorian Poets* (London, Chatto & Windus, 1876; geb. 9 *s.*). Über die neuesten Erscheinungen kann man sich durch die *Academy* und das *Athenæum* am besten auf dem Laufenden halten.[4]

Nicht allein um der Sacherklärung der gelesenen Autoren willen, wenn auch ganz besonders aus diesem Grunde, muss der englische Philologe, auch ohne dass die Prüfungsordnung dies ausspricht, sich als einer Hülfsdisziplin auch dem Studium der *englischen Geschichte* widmen. „No man", sagt E. A. FREEMAN in einer öfters zitirten Stelle seiner *History of the Norman Conquest*, „can study political history worthily without learning a good deal about

---

[1] *Chambers's Cyclopædia of English Literature.* A History, Critical and Biographical, of British Authors, with Specimens of their Writings. Originally edited by ROBERT CHAMBERS, LL. D. Fourth Ed. Revised by ROBERT CARRUTHERS LL. D. In two Vol. London u. Edinburg, W. & R. Chambers. 1885. (Geb. 20 *s.*)

[2] *A History of English Literature.* By THOMAS B. SHAW. Edited, with Notes and Illustrations, by WILLIAM SMITH. 14. Aufl. London, Murray. 1883. (Geb. 7 *s.* 6 *d.*)

[3] Erster Teil der *Litteraturgeschichte des achtzehnten Jahrhunderts*. Spezialtitel: *Geschichte der englischen Litteratur* von der Wiederherstellung des Königtums bis in die zweite Hälfte des 18. Jahrhunderts, 1660—1770. Von HERMANN HETTNER. 4. Aufl. Braunschweig, Vieweg. 1881. (*M.* 8,—.).

[4] Die amerikanische Litteratur behandelt J. NICHOL, *American Literature: an Historical Sketch*, 1620—1880. Edinburg. Black, 1882. (Geb. 15 *s.*)

languages; no man can study language worthily without learning a good deal about political history." Noch wichtiger ist die Kulturgeschichte, die freilich von der politischen abhängt. — Ausführliches über die Hülfsmittel findet man bei ELZE, S. 128 ff., für die angelsächsische Zeit auch bei WÜLKER, S. 91 ff. Ich will hier nur zwei Bücher empfehlen: GREENS *Short History of the English People*,[1] mit Recht in England allbekannt und allbeliebt, und GARDINER & MULLINGERS *Introduction to the Study of English History*,[2] die GREENS Buch aufs beste ergänzt und zum wissenschaftlichen Geschichtsstudium hinleitet.

Eine eingehende Bekanntschaft mit den politischen und sozialen Verhältnissen des heutigen England ist für den Philologen wie für den Lehrer gleich unerlässlich.[3] Hierzu wird vieles ein längerer, wohl ausgenutzter Aufenthalt im Lande beitragen. Aber auch hier ist tüchtige Vorbereitung und planmässige Ergänzung des Angeschauten notwendig. Dem nächsten Bedürfnis genügt meistens das Reisehandbuch und andere Litteratur der Art, die einem der Zufall in die Hände spielt. Ein sehr nützliches Nachschlagebuch ist der Teil III der Langenscheidtschen *Notwörterbücher der englischen und deutschen Sprache*: NAUBERT, *Land und Leute in England*.[4] Wer gründlichere Belehrung wünscht, findet solche in reicher Fülle und vortrefflicher Darstellung in ESCOTTS *England*.[5] Das Buch verdient einen Platz in der Handbibliothek eines jeden englischen Philologen. Mitten im

---

[1] *A Short History of the English People*. By J. R. GREEN. London, Macmillan, 1875. (8 s. 6 d.) Auszug aus des Verfassers vierbändiger *History of the English People*. Ebd. 1877—80.

[2] *Introduction to the Study of English History*. Second Ed. London, Kegan Paul, Trench, & Co. 1882. (9 s.) Die erste Abteilung (von GARDINER) enthält die eigentliche *Introduction*, die zweite (von MULLINGER) behandelt in der gleichen Zahl von Kapiteln die *Authorities*.

[3] Mit der Geschichte der letzten fünfzig Jahre beschäftigt sich das Buch *The Reign of Queen Victoria*, a Survey of Fifty Years of Progress. Edited by T. H. WARD, M. A. 2 Bde. London, Smith, Elder & Co. 1887. (1 l. 12 s.).

[4] 2. Aufl. Berlin, Langenscheidt. [1888.] (Geb. *M.* 3.—.)

[5] *England: Its People, Polity and Pursuits*. By T. H. S. ESCOTT. New and Revised Edition. London, Cassell. 1887. (Geb. 8 s.) In der Vorrede zur 1. Aufl. (2 Bde. 1879) sagt der Verfasser: „My purpose has been to present the public in these volumes with as complete and faithful a picture of contemporary England as the limits of space and opportunity would allow . . . The

Leben der Gegenwart steht die äusserst vielseitige und praktisch angelegte *Hazell's Annual Cyclopædia*,[1] die jährlich in neuer Bearbeitung erscheint.

facts stated are those of observation and experience, and whatever there is of description in these volumes, may, at least, claim to be a transcript of what I have seen." Die Kapitel XVI: *Educational England* und XXVI-XXVIII: *Religious England; Modern Philosophical Thought; Modern Culture and Literature* möchte ich besonders hervorheben.

[1] *Hazell's Annual Cyclopædia.* 1887. Containing nearly 2000 concise and explanatory articles on every topic of current political, social and general interest referred to by the press and in daily conversation. Edited by E. D. PRICE, F. G. S. London, Hazell. [662 zweispaltige klein, aber vortrefflich gedruckte Seiten.] (Geb. 3 s. 6 d.)

FÜNFTES KAPITEL.

DIE PÄDAGOGISCHEN ANFORDERUNGEN DES LEHRERBERUFS.

Mit voller Absicht haben die vorstehenden Kapitel stets das nächste praktische Ziel des Durchschnittsphilologen im Auge behalten: die Prüfung für das Lehramt an höheren Schulen. Gilt es doch vor allem dieses Ziel zu erreichen. Aber kein Endziel ist damit erreicht; nur der Eintritt in die Arena ist errungen, der eigentliche Wettlauf steht noch bevor. Und nicht allen zum Mitbewerb tauglich Erklärten ist der Sieg gewiss; denn der Wege sind viele, und es ist nicht so leicht, den rechten zu finden. Eine tüchtige philologische Fachbildung allein genügt nicht, man muss auch den pädagogischen Anforderungen gewachsen sein, die der Beruf des Lehrers mit sich bringt.

Auch in diesem Punkte übt nun wieder die Prüfungsordnung einen heilsamen Zwang. „Von jedem Kandidaten ohne Unterscheidung des Studiengebietes wird erfordert Kenntnis der wichtigsten logischen Gesetze, der Hauptthatsachen der empirischen Psychologie und der wesentlichsten zu ihrer philosophischen Erklärung eingeschlagenen Richtungen, Bekanntschaft mit den philosophischen Grundlagen der Pädagogik und Didaktik und mit den wichtigsten Thatsachen ihrer Entwicklung seit dem 16. Jahrhundert. Ferner hat sich jeder Kandidat darüber auszuweisen, dass er eine bedeutendere philosophische Schrift mit Verständnis gelesen habe. In der Geschichte der Philosophie muss jeder Kandidat über die Hauptmomente bestimmt orientirt sein." (§ 26, 1.)

Nur wird es leider bleiben, wie es seither gewesen ist: die Mehrzahl der Kandidaten wird in dieser Bestimmung nicht einen heilsamen, sondern nur einen lästigen und wohl unnutzen Zwang sehen, dem man nur widerwillig, und soweit es eben unbedingt sein muss, gehorcht. Ist das Examen über der Vorbereitung in den Fachdisziplinen bis auf höchstens ein paar Wochen nahe gerückt, so greift man zu einem möglichst knappen Kompendium oder Kollegienexzerpt und beginnt den Verzweiflungskampf mit dem von Tag zu Tag widerspänstigeren Gedächtnis. Nun ja, es ist schon vielen gelungen; vielen auch nicht. Eins ist sicher: wie es auch mit den Fachkenntnissen bestellt sei, ein gutes Stück „allgemeiner Bildung" und damit zugleich *die eigentliche Berufsvorbildung* hat der künftige Lehrer verabsäumt.

Dieser Mangel an pädagogischer Vorbildung trägt zum grossen Teil [1] die Schuld, dass so viele mit dem Gefühl in die Lehrpraxis übertreten, als begönnen sie eine Thätigkeit, für die sie im Grunde „zu gut" seien,[2] und dass diese Thätigkeit wirklich zu dem wird, was sie von vornherein darin sehen: zum Regelneinpauken, Paradigmenabhören und Heftekorrigiren. Da ist in der That das Schulmeistern eine erbärmliche Tagelöhnerei. Wer freilich ganz ohne *inneren* Beruf, vielleicht durch das Realgymnasialzeugnis an anderer Wahl gehindert, den *äusseren* erwählt, hat es nicht besser gewollt. Lust und Liebe gehört dazu. Nicht als könne nur ein Prädestinirter ein tüchtiger Lehrer werden; auch der Schulmeister fällt nicht vom Himmel. Das gilt auch im gewöhnlichen Sinne des Sprüchwortes, und gerade darum muss der Kandidat mit allem dem bekannt sein, wovon in § 26, 1 der preussischen Prüfungsordnung die Rede ist.

Die beste pädagogische Vorbereitung ist ohne Zweifel von einem mit der Universität verbundenen pädagogischen Seminar nebst zugehöriger Übungsschule zu erwarten. Wo diese Einrichtung, wie leider auf den meisten Universitäten, noch fehlt, da bleibt dem Stu-

---

[1] Andernteils die Überschätzung der wissenschaftlich-philologischen Arbeit. Man kann von den grossen Aufgaben der Philologie eine sehr hohe Meinung haben, ohne dass man zu verkennen braucht, dass namentlich die von Anfängern mit viel zu beschränktem Erfahrungsmaterial unternommene Einzelarbeit häufig nichts anderes ist und sein kann als Handlangerarbeit, die weder des erbitterten Streites wert ist, der wohl darüber geführt wird, noch das Recht gibt, auf den Lehrerberuf mit Verachtung herabzusehen. Da denkt man an J. GRIMMS hartes Urteil über die Philologie (*KZ. Schriften* I, S. 236)

[2] *Ipsissima verba* eines unlängst Promovirten.

dirtenden der Besuch der Vorlesungen und die Privatlektüre. Schon damit sie mit Musse und Genuss betrieben werden kann, ist diese nicht zu spät zu beginnen; am besten wird mit der historischen Pädagogik der Anfang gemacht; die Lust, diesen oder jenen der pädagogischen Klassiker im eigenen Hause kennen zu lernen, wird sich schon von selbst einstellen. Die systematische, philosophische und praktische Pädagogik mag den Beschluss bilden. Für die beste historische Einführung halte ich PAULSENS *Geschichte des gelehrten Unterrichts auf den deutschen Schulen und Universitäten* [1] (Leipzig, 1885); nachher mag der Studirende, wenn es ihm seine Zeit erlaubt, noch auf K. v. RAUMERS *Geschichte der Pädagogik* (4 Bde., 4. Aufl., Stuttgart 1872—74) zurückgreifen.[2] Vielleicht wählt er als pädagogischen Klassiker dann schon von selbst den „Repräsentanten des gesunden Menschenverstandes" im Zeitalter des siegreichen Neuhumanismus, HERBART, dessen *Pädagogische Schriften* von O. WILLMANN in 2 Bänden (Leipzig 1880) vortrefflich herausgegeben sind. Als systematische Hülfsmittel seien noch genannt: vor allem KERNS *Grundriss der Pädagogik* (neue Auflage, Berlin 1887), ferner ZILLERS *Vorlesungen über Allgemeine Pädagogik* (Leipzig 1876) STOY, *Enzyklopädie, Methodologie und Litteratur der Pädagogik* (2., umgearbeitete und vermehrte Auflage; Leipzig 1878). Ebenfalls in HERBARTschem Sinne wie die vorgenannten Bücher wirken die *Jahrbücher des Vereins für wissenschaftliche Pädagogik*.[3]

Wer aus der Geschichte der Pädagogik mehr herausgelesen hat, als Namen, Daten und Schlagwörter, wer in ernstlichem Studium einen Blick gethan hat in den inneren Zusammenhang dieser Wissenschaft mit der Ethik, der Psychologie, mit allen den tiefsten Fragen und den höchsten Problemen des Daseins, der wird dem Examen ohne Schrecken entgegensehen, seinen Beruf mit Stolz und Bescheidenheit zugleich antreten. *Seine* Aufgabe ist es nicht, Regeln

---

[1] Die letzten Kapitel behandeln die pädagogischen Tagesfragen: Gymnasium und Realschule, Überbürdung etc. im geschichtlichen Zusammenhang.

[2] Über englische Pädagogik unterrichten WIESES *Deutsche Briefe über englische Erziehung* (2 Bde. 2. Aufl. Berlin 1877). Englische pädagogische Zeitschriften sind das *Journal of Education*, die *Educational Times* etc.

[3] Besondere Beachtung verdient die vorzügliche Arbeit von GÜNTHER, *Der Lateinunterricht am Seminar*, im XIII. Bande. 1881.

einzupauken, Paradigmen abzuhören, Hefte zu korrigiren,[1] sondern in frischem, fröhlichem gemeinsamen Thun die ihm anvertraute Jugend einzuführen in den Mitbesitz einer der reichsten und gewaltigsten aller Litteraturen, ihr eine neue, fremde und doch der heimatlichen so nah verwandte Welt zu erschliessen, sie an seinem Teile zu urteilsfähigen, charakterfesten, weitherzigen — im wahren Sinne gebildeten Menschen zu erziehen!

[1] Man wird vielleicht einwenden, geschehen müsse dies doch, wenn auch nur als lästiges Beiwerk. Man sehe die Antwort bei RATICHIUS, den Philanthropinisten, HERBART und in der neuesten Litteratur zur Unterrichtsreform, worüber z. B. die letzten Bände der *Englischen Studien* sehr gut orientiren.

REGISTER.

A.

a, Aussprache 22. — in *a* (Art.) 24. — in *-ace* 24. — in *aerial* 24. — in *ah* 22. — in *ale* 24. — in *all* 22. — in *an* 22. — in *ask* 22. — in *care* 24. — in *fate* 20. — in *glass* 22. — in *half* 15. — in *man* 22. — in *total* 24. — in *watch* 24.
ABBOTT, *A Shakespearian Grammar* 48.
Academy, 38. 54. 56.
-ace, Aussprache 24.
Accentuirung 29.
Ælfric 45.
aerial, Aussprache 24.
ah, Aussprache 22.
ai, Aussprache in *mail* 26.
ale, Aussprache 24.
Alfred, König 9. 45.
all, Aussprache 22.
All the Year Round 37.
Altenglisch (Angelsächsisch) 2. 6. 43. 45. 46, 47, 48, 50.
Altenglische Bibliothek 46.
Althochdeutsch 52.
Altnordisch 52.
Altsächsisch 52.
an, Aussprache 22.
Ancren Riwle 45.
Angelsächsisch s. Altenglisch.
Anglia 45.
Anglizismen 22.
Anlaut-*r* 22.
ANNANDALE, *Concise English Dictionary* 26. — Ausgabe v. OGILVIES Wörterbuch 49.
ARBER, *English Reprints* 47. — The *English Scholar's Library* 47.
Asher's Collection 36. 54.
ask, Aussprache 22.
Athenæum 38. 54. 56.
Aufenthalt im Ausland 6. 11 f. 27. 28 f. 32.

Ausdruck, beim Vortrag 23. — Eigentümlichkeiten desselben 2. 31, 40.
Ausgaben 46 f. 55.
Auslaut-*r* 23. 24.
Aussprache 1. 12. 14. 15. 27. 48. - amerikanische 15. 17. 22. 23. 24. - BELLS 16. 22. — Berliner 18. — deutsche 18. — dialektfreie 18. - ELLIS' 16 17. 13. — englische des Deutschen 28. — hannövrische 15. 18. — konservative 18. — irische 15. Londoner 16. 17, 18. 20, 21 f., 22. 23. 24 f. — mitteldeutsche 20. — nordenglische 16. — schlesische 18. schottische 22. 23. schwedische 18. — süddeutsche 20. südenglische 16. — SWEETS 18. 17, 18. — wallisische 15.
Aussprachebezeichnung 25. 26.
Aussprachefehler 12.
aw, Aussprache in *saw* 22.
ay, Aussprache 24. — in *pray* 26.

B.

b, Aussprache 20.
back (Vokale) 21.
BAILEY, Wörterbuch 49.
Belgravia 37.
BELL, *Essays and Postscripts* 23. 24. *Principles of Elocution* 22 f. — *Visible Speech* 21. 23. — sein Vokalsystem 21.
Bell, Currer 36.
BELL-SKEAT, Chaucer-Ausgabe 21.
Beowulf 6. 46.
Berufsvorbildung 60.
Besant, W. 36.
Black, W. 36.
Blackwood's Magazine 37. 38.
boarding-house 28.
BÖCKH, über Philologie 3. 4 f.

BOSWORTH, *Anglo-Saxon Dictionary* 48.
— *Compendious Dictionary* 48.
boy, Aussprache 22.
Braddon. Miss 36.
branch, Aussprache 16.
BRAUNE, *Gotische Grammatik* 9, 52.
BRENNER, *Angelsächsische Sprachproben* 45.
Brontë, C. 36.
Bühnensprache 18, 28.
Bulwer 36.
Burke, Aussprache 46.
burn, Aussprache 22.

C.

Cambridge Edition von Shakespeare 49.
Canterbury Tales 6, 45.
care, Aussprache 24.
Carlyle 40.
Century 37.
ch, Aussprache in *branch* 16.
Chambers's Cyclopædia 56.
change, Aussprache 16.
Chaucer 6, 9, 44, 45, 46, 47.
Chaucer Society 48.
Choice Bits 37.
Chrestomathien 43, 46.
Clarendon Press 45, 46, 53.
Cockneys 17.
come, Aussprache 22.
con-, Aussprache 24.
Contemporary Review 38.
COOLEY, über Aussprache 25.
Cornhill Magazine 37.
CRABB, Synonymik 41.
CRUMP, *English as it is Spoken* 35.
CULL, über Aussprache 25, 26.

D.

d, Aussprache 20.
Daily News 37.
Daily Telegraph 37.
De Quincey 40.
Deutsch 19 f., 52.
Dialekte 17. — altgermanische 52.
Dialektausgleich 18.
Dichtung, englische 52.
Dickens 36, 37.
Didaktik 59.
Diphthongen 22.
DONALD, über Aussprache 25.
Drama 55.

E.

e, Aussprache in *her* 22, 24, — in *-less* 24. — in *me* 26. — in *-ment* 24. — in *the* 24. — in *there* 26. — in *yes* 27.
ea, Aussprache in *pear* 26.

Early English Text Society 46, 48.
Edinburgh Review 38.
Educational Times 61.
ei, Aussprache in *feign* 26.
EINENKEL, *Streifzüge durch die mittelenglische Syntax* 47.
Elene 46, 48.
Eliot, George 36.
ELLIS. *On Early English Pronunciation* 48.
ELZE, *Grundriss der englischen Philologie* 3, 4, 13, 33, 48, 49, 50, 51, 57.
England, das heutige 57 f.
Englische Sprach- und Litteraturdenkmale 46.
Englische Studien 8, 45, 62.
Englischschreiben 32, 33.
Englischsprechen 32.
English Illustrated Magazine 37.
Entwicklung der Sprache 44.
ESCOTT, *'England'* 57.
Evans, Mary Ann 36.
ey, Aussprache in *prey* 26.

F.

fear, Aussprache 28.
feign, Aussprache 26.
Fertigkeit, in der Aussprache 29. — im mündlichen Gebrauch der Sprache 2, 31. — praktische 6.
FIEDLER-KÖLBING, *' Wissenschaftliche Grammatik* 50.
FLÜGEL, Wörterbuch 27.
Fonetik Titcer 17, 20.
Fortnightly Review 38.
four, Aussprache 26.
Framley Parsonage 36.
Französisch 17 f., 52.
Fraser's Magazine 37.
Friesisch 52.
front (Vokale) 21.
Fun 38.
Funny Folks 38.

G.

g, Aussprache 16, 20. — in *change* 16.
GARDINER & MULLINGER, *' Introduction to the Study of English History* 57.
Germanische Sprachen 52.
Geschichte der Sprache 2, 4, 5, 6, 43, 44, 50.
Geschichte, politische 43, 56.
Gesetze der Sprache 10. — des Versbaues 2.
gesprochene Sprache 34 f., 52.
Gewöhnung an die Aussprache 28.
glass, Aussprache 22.

Globe 37.
Glossare 44, 45.
Good Words 37.
Gotisch 52.
Gower 45.
Graphic 37.
Grammatik 1, 2, 31, 32, 39, 40, 47. — historische 43, 44, 50 f. — systematische 40, 50. — vergleichende 53.
Grammatiken 48, 52.
GREEN, *History of the English People* 57. — *Short History* 57.
GREIN, Beowulf-Ausgabe 46. — *Bibliothek der angelsächsischen Poesie* 48. — *Sprachschatz der angelsächsischen Dichter* 48.
GRIEB, Wörterbuch 27.
Griechisch 53.
GRIMM, über die Philologie 60.
GRÖBER, *Grundriss der romanischen Philologie* 3.
GROSART, *Chertsey Worthies' Library* 47.
GROSCHOPP, *Kleines angelsächsisches Wörterbuch* 48.
GUEST, *History of English Rhythms* 51.
GÜNTHER, *Der Lateinunterricht am Seminar* 61.
Gymnasium und Realschule 61.

H.
kalf, Aussprache 15.
HAMILTON, über Aussprache 17.
Handschriften 55.
Hardy, Thos. 36.
Harper's Monthly Magazine 37.
Hazell's Annual Cyclopædia 58.
HAZLITT, Ausgabe von WARTONS *History of E. Poetry* 56.
her, Aussprache 22, 24.
Herald, The 17.
HERBART, *Pädagogische Schriften* 61, 62.
Hermeneutik 3.
HERRIG, *British Classical Authors* 53.
HETTNER, *Geschichte der englischen Litteratur* 56.
HEYNE, Beowulf-Ausgabe 46. — *Laut- und Flexionslehre der altgermanischen Dialekte* 52.
HIEBSLAC, O'CLARUS, *Englische Sprachschnitzer* 33.
high, Aussprache 22.
HOLDER, Beowulf-Ausgabe 46.
HOLTZMANN, *Altdeutsche Grammatik* 52.
HOPPE, *Supplement-Lexikon* 49.
how, Aussprache 22.
hue, Aussprache 22.
Hülfswissenschaften, philologische 5.

I.
i, Aussprache in *high* 22. — in *idle* 24. in *isle* 22. — in *pin* 26. — in *sir* 22, 24.
Idiotismen 32.
idle, Aussprache 24.
Illustrated London News 37.
Irish brogue 15.
isle, Aussprache 22.

J.
j-Laut in *hue*, *you* 22.
Jahrbücher des Vereins für wissenschaftliche Pädagogik 61.
Jahresbericht über die Erscheinungen auf dem Gebiete der germanischen Philologie 45.
JAMESON, über Aussprache 27.
Jane Eyre 36.
John, Aussprache 28.
JOHNSON, Wörterbuch 49.
Journal of American Orthoepy 15.
Journal of Education 61.
Judy 38.

K.
k in *kind* 27
Kanzelsprache 28.
KERN, *Grundriss der Pädagogik* 61.
kind, Aussprache 27.
King Horn 45.
Klausurarbeit 1, 2, 31, 32, 39.
Knightes Tale 46.
KNOWLES, über Aussprache 25.
KOCH, C. F., *Englische Grammatik* 40, 50.
KOCH, M., *Shakespeare* 56.
KÖLBING, *Altenglische Bibliothek* 46. — *Ausgabe v.* FIEDLERS *Grammatik I.* 50.
Kompendien 53 f., 60.
Konsonanten 19, 24.
Konversation 28.
KÖRNER, *Einleitung in das Studium des Angelsächsischen* 45.
KÖRTING, *Enzyklopädie und Methodologie der englischen Philologie* 13. — *Enzyklopädie und Methodologie der romanischen Philologie* 3, 5. — *Grundriss der Geschichte der englischen Litteratur* 46, 55.
Kritik 3.
Kulturgeschichte 43, 57.

L.
l, Aussprache 20. — in *let* 24. — in *lucid* 24. — in *lure* 24. — in *lute* 24. — in *mile* 24. — in *seal* 24.

Landessprache 18.
LARISON 15.
Last Chronicle of Barset 36.
Lateinisch 52.
Lautlesen 29, 38, 47.
Lautphysiologie 4.
Lautsprache 10.
Lautsystem, französisches 17, 18.
Lautverschiebung 47.
lebende Sprache 6 ff., 52.
Lehrerberuf 1, 10, 59 ff.
Leisure Hour 37.
Lektor 6, 19.
Lektüre 1 ff., 13, 40, 43, 44, 51, 53 ff.
Lesebücher 44 ff.
-*less*, Aussprache 24.
let, Aussprache 24.
litterarische Blätter 38.
Litteratur 1, 2, 53 ff., 58. — amerikanische 56. — periodische 36 ff.
Litteraturblatt für germanische und romanische Philologie 45.
Litteraturgeschichte 5, 55.
Litteratursprache 7, 38.
Lloyd's Weekly Paper 37.
Logik 59.
Londinismen 18, 22.
London Society 37.
Longman's Magazine 37.
LOUNSBURY, *History of the English Language* 50.
lucid, Aussprache 24.
lure, Aussprache 24.
lute, Aussprache 24.

M.

m, Aussprache 20.
Macaulay 40.
Macmillan's Magazine 37, 38.
Magazine 37 f.
mail, Aussprache 20.
man, Aussprache 22.
Man of Lawes Tale 46.
MARCH, über Aussprache 17.
MASON, *English Grammar* 40.
MÄTZNER, *Altenglische Sprachproben* 44. — Wörterbuch dazu 49. — Englische Grammatik 8, 40, 48, 50. — über Aussprache 25.
-*ment*, Aussprache 24.
Metrik 2, 43, 51.
Middlemarch 36.
mile, Aussprache 24.
MINTO, *English Prose Literature* 41.
Mittelenglisch 2, 6, 43, 46, 47, 48.
mittlere Klassen 1 f., 31, 39, 43, 51, 53.
mixed (Vokale) 21.

Monatsschriften 37.
MORLEY, *Of English Literature in the Reign of Queen Victoria* 56.
MORRIS, *Ausgabe von Chaucers Prolog etc. 45, 46. — Chaucer-Ausgabe 46. — *Specimens of Early English* 45.
MÜLLER, E., *Etymologisches Wörterbuch* 49 f.
MULLINGER S. GARDINER.
mündlicher Gebrauch der Sprache 2, 31, 32.
mündliche Prüfung 1, 31.
MURRAY, *New English Dictionary* 14, 16, 25.

N.

n, Aussprache 20.
Nachahmung 32.
Nachdruck 23.
Nachschlagebücher 25, 57 f.
Namen, Aussprache 25.
NARES, *Glossary* 49.
nasal twang 15.
NAUBERT, *Land u. Leute in England* 57.
Neuenglisch 6 ff., 43, 47, 51.
Neuhochdeutsch 19 f., 52.
New English Dictionary 14, 16, 25.
ng, Aussprache 20.
NICHOL, *American Literature* 56.
Nineteenth Century 38.
no, Aussprache 34, 42.
Nonne Prestes Tale 46.
not, Aussprache 26.
note, Aussprache 26.
Notwörterbücher 57.
NUTTALL, über Aussprache 15.

O.

o, Aussprache in *come* 22. — in *con-* 24. — in *John* 28. — in *move* 26. — in *not* 26. — in *note* 26, 28. — in *obey* 24. — in *of* 28. — in *off* 28. — in *old* 24. — in *on* 24. — in -*or* 24. — in *ore* 22, 24. — in *sore* 28. — in -*tion* 24.
oa, Aussprache in *soar* 28.
obere Klassen 2, 31 f., 40, 43, 51, 53.
obey, Aussprache 24.
obscure vowels 24.
of, Aussprache 28.
off, Aussprache 28.
OGILVIE, *Imperial Dictionary* 25, 26, 49. — *Student's Dictionary* 26.
oi, Aussprache in *oil* 22.
oil, Aussprache 22.
old, Aussprache 24.
Old English Homilies 45.

Oliphant, Mrs. 36.
on, Aussprache 22.
oo, Aussprache in *poor* 24. — in *too* 24.
-or, Aussprache 24.
ore, Aussprache 22. 24.
Orm 44.
Ormulum 45.
Orosius 45.
Orthoepie 4.
Orthoepisten 27.
Orthographie 46. 47.
ou, Aussprache in *four* 26. — in *-our* 24.
-our, Aussprache 24.
ow, Aussprache in *how* 22. — in *owl* 22.
owl, Aussprache 22.
oy, Aussprache in *boy* 22.

P.
Pädagogik 59 ff.
PAGLIARDINI, *Varieties of Pronunciation* 17.
Pall Mall Gazette 37.
PASSY, *Fonetik Titcer* 17. — über Aussprache 17. — über das französische Lautsystem 17.
PAULSEN, *Geschichte des gelehrten Unterrichts* 61.
pear, Aussprache 26.
People, The 37.
PHELP, über Aussprache 25.
Philanthropinisten 62.
Philologie 3 ff.. 43. — germanische 53 f.
Philological Society 48.
Philosophie 59.
Phonetic Journal 17.
Phonetik 4, 19, 23. 52.
Phonetische Studien 17.
Phonographie 17.
Phonologie 4.
Phrasenschatz 35.
Pictorial World 37.
PITMAN, *Phonetic Journal* 17.
Pitmanianer 17.
Ploughman's Crede 45.
poor, Aussprache 24.
Praxis 1 ff., 43.
pray, Aussprache 26.
prey, Aussprache 26.
Primers 45.
Prinzipien und Regeln 23.
Prioresses Tale 46.
Pronouncing Vocabularies 47 f.
Prosa 41.
Prosodie 51.
Provinzialismen 18. 24.
Prüfung 41. 59. — mündliche 1, 31.
Prüfungsarbeit, in englischer Sprache 2. 31. 39.

Prüfungsordnung, preussische 1 ff., 10, 29, 31, 39, 40, 41, 44, 51, 52, 53, 59, 60.
Psychologie 59.
Punch 37 f.
pure, Aussprache 24.

Q.
Quarterly Review 38.

R.
r, Aussprache 20. 22 f., 24.
Rare Bits 37.
RATICHIUS 62.
RAUMER, *Geschichte der Pädagogik* 61.
Realschule und Gymnasium 61.
REGEL, *Ausgabe* v. Thackerays *Humourists* 54.
Regeln 1. 10. 23. 31. 39 f.
Reibelaute 19.
Reim, neuenglischer 2. 51.
Revüen 38.
Rice, J. 36.
RIEGER, *Alt- und angelsächsisches Lesebuch* 45.
Robert of Gloucester 45.
ROGET, *Thesaurus of English Words and Phrases* 41.
Romane 35.

S.
s, Aussprache 28. — in *cats* 29. — in *dogs* 29.
SACHS, Ausgabe v. FIEDLERS *Grammatik II.* 50.
Sammlung englischer Denkmäler in kritischen Ausgaben 46.
Sammlung englischer Schriftsteller (Weidmann) 54.
Sammlung kurzer Grammatiken germanischer Dialekte 52.
Sanskrit 53.
Saturday Review 38.
saw, Aussprache 22.
SCHIPPER, *Englische Metrik* 51.
SCHLEICHER, *Die deutsche Sprache* 53.
SCHMIDT, A., *Shakespeare-Lexikon* 40.
SCHMIDT, I., Grammatik 40.
SCHMITZ, über Aussprache 25.
Schreibübungen 38.
schriftlicher Gebrauch der Sprache 2, 31, 32, 38.
Schriftsprache 7. 34. 38.
Schriftsteller, Lektüre 1 f., 53, 54.
SCHRÖER, *Wissenschaft und Schule* etc. 11. 32.
Schulausgaben englischer Schriftsteller (Teubner) 54.

Schulaussprache 19.
Schullektüre 2, 53.
Scribner's Monthly 37.
seal, Aussprache 24.
Selbstunterricht 20, 45.
Seminar 12, 20, 34, 43, 60.
Shakespeare 7, 47, 54, 56.
Shakespeare-Grammatik 48.
SHAW, *The Student's Manual of English Literature* 56. — *The Student's Specimens of English Literature* 54.
Shepheardes Calender 45.
SHERIDAN, Wörterbuch 27.
Shirley 36.
SIEVERS, *Angelsächsische Grammatik* 47. — sein Vokalsystem 21.
sir, Aussprache 22, 23, 24.
SKEAT, Ausgabe v. GUESTS *English Rhythms* 51. — *Chaucer-Ausgaben 45, 46. — *Concise Dictionary* 49. — *Etymological Dictionary* 49. — *Specimens of Early English* 45. — *Specimens of English Literature* 45. — über Sprachwissenschaft 4.
SMART, Aussprache-Grammatik 28. — Wörterbuch 27. — über Aussprache 25.
SMITH, C. J., *Complete Collection of Synonyms* 41. — *Synonyms Discriminated* 41.
SMITH, W., *English Grammar* 40, 51. — Ausgabe v. SHAWS *Specimens* 53.
soar, Aussprache 28.
sore, Aussprache 28.
sp, Aussprache im Deutschen 15 f., 18.
Spelling Reform Association, amerikanische 17.
Sprachbeherrschung 31 f., 33.
Spracherlernung 8 ff., 32.
Sprachkenntnis 31 f.
Sprachschatz 2, 31, 32, 40.
Sprachwissenschaft 4, 8 f., 53.
st, Aussprache im Deutschen 15 f., 18.
Standard der Aussprache 16, 17, 37.
STEDMAN, *Victorian Poets* 56.
Stil 41.
Stimmton 23.
Stimmlage 23.
St. James' Magazine 37.
Stöchiologie 4
STORM, *Englische Philologie* 7 ff., 15, 25, 29, 35, 36, 41, 49, 50, 55. — sein Vokalsystem 21. — über Phonetik 4. — über die lebende Sprache 6 ff. — über den Studiengang 11. — über Wörterbücher 25 ff.
STORMONTH (PHELP), ü. Aussprache 25.

STOY, *Enzyklopädie*, *Methodologie und Litteratur der Pädagogik* 61.
Strange Adventures of a Phaeton 36.
STRATMANN, *Dictionary of the Old English Language* 48 f.
Students' Series (Tauchnitz) 54.
Studiengang 11, 12.
SWEET, *Anglo-Saxon Primer* 45. — *Anglo-Saxon Reader* 45, 48, 51, 54. — Besprechung von STORMS *Engl. Philologie* 8. — *Elementarbuch des gesprochenen Englisch* 20, 21, 29, 35, 40. — *Handbook of Phonetics* 4, 24. – *Middle English Primers* 45. — *Old English Reading Primers* 45, — *On the Practical Study of Language* 8, 9, 28, 29, 32. — seine Aussprache 16, 17, 18. — sein Vokalsystem 21. – über Sprachbeherrschung 29. — über Spracherlernung 8 ff., 32. — über den Studiengang 11. — über Tonstärke und Tonhöhe 23.
Synonymik 1, 31, 32, 40, 41.
Syntax 2.

T.

Tagesfragen, pädagogische 61.
Tauchnitz Edition 36, 54.
Tauchnitz' Students' Series 54.
TAYLOR, Synonymik 41.
Tempo der Rede 23.
TEN BRINK, *Chaucers Sprache und Verskunst* 47, 51. — *Chaucer-Studien* 55. — *Geschichte der englischen Litteratur* 55.
Thackeray 36, 37, 54.
the, Aussprache 24.
there, Aussprache 26.
THIEME-PREUSSER, *Wörterbuch* 27.
Times 37.
-tion, Aussprache 24.
Tit-Bits 36.
TOLLER (BOSWORTH) *Anglo-Saxon Dictionary* 48.
Tonfall 23, 29.
Tonhöhe 23.
Tonstärke 23.
too, Aussprache 24.
total, Aussprache 24.
Transskription 46.
TRAUTMANN, *Die Sprachlaute* 24. — über dialektfreie Aussprache 18. — über Schulaussprache 19.
Trollope, A. 36.
Typical Selections 46.

U.

u, Aussprache in *burn* 22. — in *pure*

24. — in *up* 22. — in *urn* 22. —
in *use* 24.
Überbürdung 61.
Übersetzen 33 f., 39, 43.
Übersetzung als Klausurarbeit 1, 31, 39.
Übersetzungsmethode 41.
Übung im Sprechen 41.
Übungen 19, 23, 29, 46.
Umgangssprache 7, 28, 34 ff.
Umschrift, phonetische 21, 23.
up, Aussprache 22.
urn, Aussprache 22.
use, Aussprache 24.

V.
Vanity Fair 36.
Versbau 2, 43, 51.
Verschlusslaute 19.
Vierecksystem der Vokale 21, 23.
VIETOR, *Die Aussprache der in dem Wörterverzeichnis etc. enthaltenen Wörter* 19. — *Elemente d. Phonetik* 24.
Visible Speech 21, 23.
Vokalbestimmung 24.
Vokale 19, 24.
Vokaldreieck 21, 24.
Vokalsysteme 21, 23, 24.
Vokalverschiebung 47.
Volksmundarten 15.
VOLLMÖLLER, *Englische Sprach- und Literaturdenkmale* 46.
Vorlesungen 12, 34, 43, 46, 52, 53, 61.
Vortrag 23, 28. — akademischer 34.
Vulgärsprache 36.

W.
w, Aussprache in *watch* 24. — in *way* 16. — in *witch* 22.
WADDY, *English Echo* 55.
WALKER, *Critical Pronouncing Dictionary* 27. — über Aussprache 25.
Wallisisch 15.
WARD, *History of English Dramatic Literature* 56.
WARTON, *History of English Poetry* 56.
watch, Aussprache 24.
WEBSTER, *American Dictionary* 27, 49.
— *Appendix* zum Wörterbuch 25.
— *Compendious Dictionary* 27.
Welsch 15.
WESTERN, *Englische Lautlehre* 25. —
über Aussprache 17, 18. — sein Vokalsystem 21.
Westminster Review 38.
wh, Aussprache in *what* 22. — in *whey* 16. — in *which* 22.
what, Aussprache 22.
whey, Aussprache 16.
which, Aussprache 22.
WIESE, *Deutsche Briefe über englische Erziehung* 61.
WILLMANN, *Ausgabe von* HERBARTS *Pädagogischen Schriften* 61.
witch, Aussprache 22.
Witzblätter 37 f.
Wochenblätter 37 f.
Wörterbücher 25 f., 39, 48 f.
Wortschatz 1, 31, 32, 35, 40.
wrote, Aussprache 28.
WÜLCKER (WÜLKER), *Altenglisches Lesebuch* 44. — *Grundriss zur Geschichte der angelsächsischen Litteratur* 46, 55, 57.

Y.
Yates, E., 36.
yes, Aussprache 27.
you, Aussprache 22.

Z.
Zeitschriften 36 ff.
Zeitungen 37.
ZILLER, *Vorlesungen über allgemeine Pädagogik* 61.
ZUPITZA, *Altenglisches Übungsbuch* 44.
— Ausgabe von KOCHS *Grammatik* 50. — *Elme*-Ausgabe 46, 48.

• NACHTRÄGE.

S. 13, Z. 11. ELZES *Grundriss* ist mittlerweile vollständig erschienen Halle, Niemeyer, 1887. (*M.* 8,—.) — S. 15, Z. 12 v. u. lies „Aussprache" statt „Ansprache" — S. 22, Z. 5. Von BELLS *Principles* erschien soeben die 5 Auflage, „revised and enlarged". John C. Parker, 610 Seventh St., Washington D. C. — S. 47, Z. 3 lies „14 Bände, oder 30 Nummern."